KATHRIN HANKE

Die Engelmacherin von St. Pauli

SKRUPELLOS Hamburg Anfang des 20. Jahrhunderts. Bis zuletzt leugnet Elisabeth Wiese ihre Schuld, dennoch: Ihr Gnadengesuch wird abgelehnt und die Engelmacherin von St. Pauli an einem eisigen Februarmorgen 1905 durch das Fallbeil hingerichtet. Ihr Unwesen soll sie in der Wilhelminenstraße getrieben haben, der heutigen Hein-Hoyer-Straße in Hamburgs weltbekanntem Amüsierviertel.

Elisabeth Wiese verdient ihr Geld vorwiegend als Vermittlerin von Pflegekindern – ein lukratives Geschäft, gibt es doch viele unverheiratete Frauen im wilhelminischen Kaiserreich, die ihren Säugling abgeben müssen, da sie sonst ihre Arbeit verlieren. Als eine der Mütter ihr Kind zurückfordert, kommt das Grauen ans Licht: Von mindestens vier Babys fehlt jede Spur. Hat Wiese, deren Aussehen dem der bösen Hexe aus dem Märchen gleicht, sie tatsächlich in ihrem Küchenofen verbrannt oder in der Elbe wie junge Kätzchen ertränkt? Kathrin Hanke zeichnet auf Basis von damaligen Zeugenberichten ein Bild der Frau, deren Schuld nie eindeutig bewiesen werden konnte.

© Kirsten Köhler

Kathrin Hanke wurde in Hamburg geboren. Nach dem Studium der Kulturwissenschaften in Lüneburg machte sie das Schreiben zu ihrem Beruf. Sie jobbte beim Radio, schrieb für Zeitungen, entschied sich schließlich für die Werbetexterei und arbeitete zudem als Ghostwriterin. Ihre Leidenschaft ist dabei immer das Geschichtenerzählen, wobei sie gern Fiktion mit wahren Begebenheiten verbindet. Daher arbeitet sie seit 2014 als freie Autorin in ihrer Heimatstadt. Kathrin Hanke ist Mitglied im Syndikat, der Autorengruppe deutschsprachiger Kriminalliteratur, sowie bei den Mörderischen Schwestern.

KATHRIN HANKE

Die Engelmacherin von St. Pauli

KRIMINALGESCHICHTE

Die automatisierte Analyse des Werkes, um daraus Informationen insbesondere über Muster, Trends und Korrelationen gemäß § 44b UrhG (»Text und Data Mining«) zu gewinnen, ist untersagt.

Personen und Handlung sind teilweise fiktional.

Immer informiert

Spannung pur – mit unserem Newsletter informieren wir Sie regelmäßig über Wissenswertes aus unserer Bücherwelt.

Gefällt mir!

Facebook: @Gmeiner.Verlag
Instagram: @gmeinerverlag

Besuchen Sie uns im Internet:
www.gmeiner-verlag.de

© 2018 – Gmeiner-Verlag GmbH
Im Ehnried 5, 88605 Meßkirch
Telefon 0 75 75 / 20 95 - 0
info@gmeiner-verlag.de
Alle Rechte vorbehalten
7. Auflage 2023

Lektorat: Claudia Senghaas, Kirchardt
Herstellung: Mirjam Hecht
Umschlaggestaltung: U.O.R.G. Lutz Eberle, Stuttgart
unter Verwendung eines Fotos von: © Polizeimuseum Hamburg
Druck: CPI books GmbH, Leck
Printed in Germany
ISBN 978-3-8392-2300-0

Für meine Kinder

»Sie war eine mittelgroße, schlanke Frau. Sie hatte ein speckgelbes Gesicht, eingefallene Wangen, eine lange Habichtsnase und kleine stechende Augen. Sie machte ganz den Eindruck einer ›Hexe‹, mit der man Kinder graulich machen konnte.«

(Hugo Friedländer über Elisabeth Wiese, 1910)

PROLOG
IRGENDWANN ZWISCHEN
1882 UND 1886

Von dem Geruch wurde ihr übel und sie musste sich stark zusammennehmen, damit es ihr nicht hochkam. Es war ein Gemisch aus Blut, Kot, Fruchtwasser, Schweiß und Tränen, das sein schweres Aroma an die kleine Kammer abgab und wie eine wabernde Dunstwolke über den Köpfen hing.

Den anderen beiden Frauen schien der Geruch nichts auszumachen und normalerweise war das bei ihr auch so. Sie war ganz anderes gewohnt, schließlich war sie ein Landkind. Hier in Bilshausen, der kleinen Ortschaft zwischen Göttingen und Osterode am Harz, lebten die meisten Menschen seit jeher von der Landwirtschaft. Es war ein hartes Leben und nicht immer hatten die Leute noch etwas von ihrer Ernte für den Verkauf auf den umliegenden Märkten übrig, sondern gerade eben nur genug, um ihre Familien zu ernähren. Dann gab es noch die Stroh- und Korbbinder. Das kleine Bilshausen, in dem jeder jeden kannte, war inzwischen über die Grenzen des Harzes hinaus bekannt für seine guten Flechtwaren. Genauso wie für seine Kanarienhähne –

die kleinen gelben Singvögel wurden sogar hin und wieder bis nach Übersee verkauft. Dennoch reichte das eingenommene Geld oft nicht zum Leben und nicht wenige verließen notgedrungen ihren Heimatort. Sie zogen als Handelsleute oder wandernde Bauarbeiter herum, um ihren Unterhalt zu verdienen. Üppig war dieser allerdings nicht gerade und viele von denen, die extra in die Fremde hinausgegangen waren, lebten auch dort von der Hand in den Mund. Das bekam sie mit, wenn Ausgezogene im Winter zurück in den Ort kamen, um unter die warmen Decken ihrer verbliebenen Bilshausener Familien zu schlüpfen. In der Regel so lange, bis die ersten Schneeglöckchen hervorkamen und sie es wieder riskieren konnten, ihre Dienste in der Fremde anzubieten, ohne auf der Straße, deren Böschungen ihnen meist als Schlafplatz dienten, zu erfrieren.

Sie war für keines dieser Leben geschaffen. Weder wollte sie in Bilshausen versauern, wo irgendwie alle miteinander verwandt zu sein schienen, noch ihre Zeit auf Wanderschaft verbringen. Sie wollte mehr und sie wusste, dass der Kuchen groß genug war und man es nur richtig anstellen musste, um sein Stück davon abzubekommen. Sie hatte das schon immer gewusst, dennoch war sie bis jetzt hiergeblieben und Hebamme geworden. Als wäre dieser letzte Gedanke das Stichwort gewesen, entließ das junge Mädchen, das mit gespreizten aufgestellten Beinen vor ihr lag, einen lauten, langgezogenen Schrei. Er klang so klagend und schmerzerfüllt, dass es anderen das Blut in den Adern gefrieren lassen würde. Ihr jedoch nicht. Und das lag nicht allein daran, dass sie mit solchen Schreien und allem, was damit zusammenhing, ihr täglich Brot verdiente. Es berührte sie einfach nicht. Auch wenn sie bei Hausschlachtungen zusah und jeder sonst sich abwandte oder für einen Moment die Augen zukniff, wenn der Dorfmetzger mit einem gezielten Axtschlag zwischen die kleinen hässlichen Schweinsaugen das Tier von einer Sekunde auf die andere tötete oder zumindest betäubte, fühlte sie nichts. Keine Freude über das zukünftige Essen und kein Mitleid gegenüber dem Tier. Einfach nur nichts. Vielleicht war sie deswegen gut in ihrem Beruf. Sie scheute sich nicht vor Handgriffen aus Angst, sie könnten der Mutter oder dem Kind schaden, weil sie sie vielleicht falsch ausführte. Sie machte sie nicht falsch. Sie wandte einfach das an, was sie in dem Hebammenlehrbuch »Die Königl. Preuss. und Chur-Brandenb. Hoff-Wehe-Mutter«, wie dieser Schinken von Justine Siegemundin hieß, gesehen hatte. Das reich bebilderte Lehrbuch zu unnormalen Geburtslagen kam ihr sehr entgegen, da sie zwar lesen konnte, es ihr aber nicht unbedingt leichtfiel und sie es deswegen nicht gern mochte und möglichst nicht tat. So hatte sie sich während ihrer Lehrzeit ganz besonders die Bilder eingeprägt und führte sie im Falle eines Falles, wie zum Beispiel bei einer Steißlage, ohne lange darüber nachzudenken, aus. Und falls sie doch einmal etwas nicht richtig gemacht hatte, und das Kind oder gar die Mutter noch im Wochenbett starben, wer sollte ihr das nachweisen? Es gab genug andere Gründe, warum der Tod Neugeborene oder Wöchnerinnen ereilte und sie wusste, wie sie jeden aufkeimenden Verdacht von vorn herein von sich weisen konnte. Ihr Motto war einfach: Nie etwas zugeben, immer alles abstreiten und möglichst einen anderen Schuldigen nennen. Wenn alles nichts half auch ruhig Gott. Sie selbst war bereits Mitte zwanzig, also nicht mehr jung und schon einige Jahre im Beruf, sodass die Leute ihr das glaubten. Hier in Bilshausen und den umliegenden Ortschaften, wo wie sie die meisten katholisch waren, kam sowieso in jedem fünften Satz das Wort »Gottes Wille« vor, warum sollte sie es dann nicht sagen? Sie war gern Katholikin und würde mit den wenigen Evangelen, die sie kannte, nicht tauschen wollen. Ihr Leben war so, wie es war, viel praktischer. Schon von klein auf hatte sie gelernt, dass sie ihre Sünden einfach beichten konnte, und Gott und alle Welt ihr verzieh, wenn sie dann im Gegenzug ein paar Gebete sprach. Nichts leichter als das. Während sie darüber nachdachte und leicht schmunzeln musste, schob sie ihre Hand mit geübtem Griff in den Unterleib der werdenden Mutter hinein, unterdessen ihre andere Hand mit leichtem Druck auf dem gewölbten Bauch der jungen Frau lag, die leise vor sich hin wimmerte. Sie zog ihre Hand wieder heraus und musste wegschauen, denn wieder wurde ihr übel. Diesmal von dem Anblick. Schnell griff sie nach dem bereitgelegten Tuch, wischte sich sauber und wandte sich ihrer Tasche zu. Mit flauem Magen presste sie durch ihre Zähne hindurch: »Das Kind liegt quer. Ihr hättet mich eher rufen sollen. Es kann nicht von allein heraus, ich muss es holen.«

Sie blickte der Mutter des Mädchens in die Augen, um sich zu vergewissern, dass ihre Worte angekommen waren. Sie sah Vertrauen in ihnen und als ein leichtes Nicken folgte, holte sie eine Schlinge und einen Stock aus ihrer Tasche. In diesem Moment schwoll das Wimmern des Mädchens an und entlud sich ein weiteres Mal in einem langen Schrei.

Sie wollte warten, bis die Wehe wieder abgeebbt war, merkte jedoch, dass sie es nicht schaffen würde. Mit Schlinge und Stock in der Hand stürmte sie aus der stickigen Kammer direkt in die große Wohnküche, in der sich die Männer der Familie und einige Nachbarn eingefunden hatten. Sie hielt einen kurzen Augenblick inne, starrte in die fragenden Augen des Bauern und lief dann ohne ein Wort oder eine Geste an allen vorbei durch den angrenzenden Stall hinaus an die Luft, wo sie sich direkt neben der Tür erbrach. Sie kannte den wahren Grund und bald würden ihn auch alle anderen kennen, darum machte sie sich erst gar nicht die Mühe, ihr Erbrochenes zu beseitigen. Sie wischte sich den Mund mit ihrer Schürze ab, drückte den Rücken durch und ging hocherhobenen Hauptes am Vieh vorbei durch die Küche in die kleine Kammer zurück. Das Mädchen hatte aufgehört zu schreien. Es hatte die Augen geschlossen und seine Mutter fuhr ihm gerade mit einem feuchten Lappen über die Stirn. Ein Stich des Neids durchfuhr die Hebamme. Dieses junge Mädchen hatte alles, was sie nicht hatte. Es war selbst jetzt mit seinen Schmerzen und den verschwitzten, strähnigen Haaren hübsch, es war jung, hatte liebende und vor allem vermögende Eltern und einen noch vermögenderen Ehemann, der in diesem Moment in der Küche auf seinen Stammhalter wartete. Das junge Paar war noch nicht lange verheiratet. Sie selbst war auf der Hochzeit gewesen, so wie fast ganz Bilshausen und darüber hinaus. Es war ein rauschendes Fest gewesen, denn hier hatten zwei große Höfe endlich durch ihre Kinder zusammengefunden und das hatten sich die Brauteltern etwas kosten lassen. Und heute, knapp zehn Monate später, sollte die nächste Generation geboren werden. Bei ihr selbst würde es erst in fünf Monaten so weit sein. Allerdings würde dann kein verliebter Ehemann in der Küche nervös mit den Fußspitzen wippen und darauf warten, dass sie sein Kind gebären würde. Es würde überhaupt niemand darauf warten. Im Gegenteil. Alle würden sich wünschen, dass es niemals zu diesem Bastard, der da gerade in ihrem Leib heranwuchs, gekommen wäre. Allen voran sie selbst. Ja, sie hatte ihren Spaß gehabt und nun musste sie die Suppe selbst und allein auslöffeln. Über den Kindsvater machte sie sich möglichst keine Gedanken. Es lohnte nicht. Er würde nie mehr werden, als der bloße Erzeuger dieses Balgs in ihr. Für ihre Pläne, einmal ein besseres Leben zu führen, würde sie sich jemand anderen suchen müssen. Eine weitere Wehe ließ das Mädchen schreien.

»Hilf ihr und hole mir mein Enkel«, zog die Stimme der besorgten Mutter ihre Aufmerksamkeit auf sich, als es wieder still im Raum war.

»Ich kann nichts versprechen, aber ich gebe mein Bestes«, erwiderte sie mit belegter Stimme. Sie hatte noch immer den Geschmack von Erbrochenem in ihrem Mund.

»Wenn alles gut geht, zahle ich dir das Doppelte«, versprach die Mutter und strich ihrer matt daliegenden Tochter ein weiteres Mal mit dem Lappen über die Stirn.

»Wir werden sehen«, sagte sie vage. Eigentlich hatte sie gerade beschlossen, einen von den beiden sterben zu lassen. Beim Baby würde es leichter sein, als bei dem Mädchen. Und unauffälliger. Aber jetzt lockte die Bäuerin sie mit Geld. Verdammt. Sie konnte jeden Pfennig mehr gut gebrauchen und es würde ihre Stimmung bestimmt langfristiger aufhellen, als diesen Menschen hier ein Stück von ihrem Glück zu nehmen. Andererseits: Je länger sie hier war, desto mehr haderte sie mit ihrem eigenen Schicksal und missgönnte den Bauern ihr von Üppigkeit gesegnetes Leben. Deswegen hatte sie bereits darüber nachgedacht, einzugreifen und ein bisschen Göttlichkeit walten zu lassen. Gott selbst würde ihr verzeihen, sobald sie Buße tun würde. Sie wusste wie, ohne dass sie vorher dem Herrn Pfarrer beichten musste. Immerhin hatte sie schon häufiger Babys totgemacht. Nicht im Wochenbett, das heute wäre das erste Mal, sondern im Leib der Mutter während der Schwangerschaft. Auch an sich selbst hatte sie Hand angelegt – schließlich wusste sie, wie es ging und hatte niemanden um Hilfe bitten müssen, obgleich so eine Prozedur natürlich heikler war, wenn man sie allein durchführte. Vor zwei Wochen hatte sie es getan. Sie hatte nicht erst warten wollen, bis man es ihr ansah. Es hatte nicht geklappt. Wie sie es insgeheim bereits geahnt hatte, war es zu früh gewesen, und deswegen hatte sie mit dem Katheter, den sie sich eingeführt hatte, nicht die Fruchtblase erwischt. Dennoch hatte sie heftig geblutet und im ersten Moment angenommen, sie hätte einen Abgang. Schon am nächsten Tag hatte sie aber gewusst, dass sie sich getäuscht hatte. Und dann hatte sie sich gefügt, denn sosehr sie auch Gottes Namen für ihre Rechtfertigungen gegenüber anderen nannte, wenn es ihr nutzte, sosehr glaubte sie an ihn. Und er hatte offensichtlich nicht gewollt, dass dieses verdammte Kind in ihr starb. Sonst hätte er es geschehen lassen, ganz gleich ob der Katheter zu früh von ihr eingesetzt worden war oder nicht. Sie hatte es also kein weiteres Mal probiert. Sie würde den Bastard, der sich da in ihrem Leib nährte und breitmachte, gebären. Sie wusste, dass das nichts mit Vernunft zu tun hatte, aber sie glaubte, Gott damit gnädig zu stimmen – auch bereits im Voraus für das, was sie in Zukunft vielleicht noch alles tun würde. Wenn er ihr diese Last unbedingt auferlegen wollte, dann würde sie sie annehmen und eben das Beste daraus machen. Immerhin hätte sie mit dem Gör endlich einmal im Leben etwas nur für sich. Stets hatte sie teilen müssen. Als Kind mit ihren Geschwistern und jetzt, seitdem sie selbst Geld verdiente, sogar mit ihrer ganzen Familie. Ihr Vater war einer der Korbmacher, und von seinem Verdienst konnte man »weder leben noch sterben«, wie er es immer sagte. Sie würde den Bastard niemals lieben können, aber das störte sie nicht. Im Gegenteil würde es vieles leichter machen, zudem war sie sich sowieso nicht sicher, ob sie überhaupt zu einem Gefühl wie Liebe fähig war. Wenn die anderen Mädchen davon sprachen, hörte sie es sich an, konnte jedoch nichts damit anfangen. Es war genauso, wie mit dem Mitleid, das sie für nichts und niemanden empfinden konnte. Der einzige Mensch, der sie interessierte, war sie selbst.

Sie richtete ihren Blick auf das Mädchen vor ihr im Bett. Gleich würde es wieder unter dem Wehenschmerz schreien und klagen, und sie müsste dann endlich etwas tun. Sie hatte es eh schon zu lange hinausgezögert. Das Platzen der Fruchtblase war schon einige Zeit her und sie wollte nicht, dass ihr später doch noch etwas angehängt wurde. Unter Beobachtung der Mutter griff sie mit der einen Hand zur Bandschlinge und mit der anderen zu dem Stöckchen – beides hatte sie kurz beiseitegelegt, als sie wieder in die Kammer gekommen war. Dann führte sie das Stöckchen und die Hand, die die Bandschlinge hielt, in die Wöchnerin ein, übte gekonnt den gedoppelten Handgriff aus und drehte das Kind im Geburtskanal so, dass es keine 15 Sekunden später mit den Füßen zuerst geboren wurde. Es lebte. Genau wie die junge Mutter. Noch. Ob es so bleiben würde, lag nun tatsächlich bei Gott.

Als Elisabeth das Haus verließ, schaute sie nicht zu der Ecke hin, wo sie sich gerade vorhin noch erbrochen hatte, sondern war ganz damit beschäftigt, die Münzen in ihrer Tasche zu befühlen während sie in sich hineinfeixte und darüber nachdachte, wofür so ein Kind doch alles gut war. Wie es wohl erst mit dem eigenen sein würde?

»*Eine junge Dame bittet einen edeldenkenden Herrn um eine Unterstützung von 30 Mark gegen dankbare Rückzahlung.*«

(regelmäßig in 1901/02 von E. Wiese
geschaltete Anzeige im General-Anzeiger
für Hamburg-Altona)

1. ZUR LIEBE GEZWUNGEN
WINTER 1901/02

Sie waren vor nicht ganz zehn Jahren von Hannover hierher nach Hamburg St. Pauli gezogen. Inzwischen war Paula Berkefeld eine junge Frau und sie erinnerte sich nur noch schemenhaft an die Zeit, als sie ein kleines Kind gewesen war. Vielleicht habe ich die Erinnerungen nur verdrängt, so wie ich hoffentlich auch die derzeitigen in zehn Jahren verdrängt haben werde, dachte sie, während sie aus dem Fenster in der Guten Stube schaute und ängstlich auf das Geräusch des Türklopfers wartete.

Schön war ihr Leben mit Sicherheit noch niemals gewesen, das wusste sie, dafür benötigte sie keine detaillierten Erinnerungen. Ihren Vater kannte sie nicht und ihre Mutter verlor nie ein Wort über ihn. Manches Mal mutmaßte die junge Frau, dass ihre Mutter selbst nicht wusste, wer der Mann gewesen war, der sie gemacht hatte.

Ihre ersten Jahre hatte sie in Bilshausen verbracht, dem Heimatort ihrer Mutter Elisabeth. Paula war von Beginn ihres Lebens an mit der Schuld aufgewachsen, ihre Mutter ins Unglück gestürzt zu haben, denn ihre

Geburt bedeutete zugleich einen Makel für die Mutter, der diese seitdem als gefallenes Mädchen kennzeichnete und ihr gewisse Türen für immer verschlossen hielt. So hatte die Mutter kaum einen Tag verstreichen lassen, ohne ihrer Tochter zu sagen oder zu zeigen, wie unerwünscht und welch Klotz am Bein sie war. Paula Berkefeld grübelte oft darüber nach, warum ihre Mutter sie sich nicht weggemacht hatte, schließlich war diese gelernte Hebamme. Und dass ihre Mutter dahingehend keine Skrupel hatte, glaubte Paula zu wissen. Immerhin hatte Elisabeth Wiese bereits ein paar Mal als Engelmacherin vor Gericht gestanden und auch sonst hatte die Mutter keinen Respekt vor dem Gesetz und war darüber hinaus bereits wegen Urkundenfälschung, Betrug und Hehlerei verurteilt und für einige Zeit hinter Gitter gekommen. Das war noch in Hannover gewesen, wohin Paula mit ihrer Mutter und ihrem Stiefvater nach deren Heirat Ende der 1880er-Jahre gezogen war. Wie ihre Mutter Heinrich Wiese hatte überzeugen können, sie zur Frau zu nehmen, verstand Paula bis heute nicht. Und das nicht nur, weil ihre Mutter ein kleines Kind mit in die Ehe gebracht hatte und er mit seinem blonden Vollbart im Gegensatz zu seiner Frau recht gut aussah, sondern vor allem, weil die beiden sich scheinbar nicht ausstehen konnten. Gerade in der letzten Zeit war es noch schlimmer als üblich geworden, und wenn sich ein Streit zwischen den beiden auch nur andeutete, verließ Paula sicherheitshalber die Wohnung. Einmal hatte sie es nicht gemacht und war prompt dazwischengeraten.

Das hatte ihr ein blaues Auge eingebracht, da Mutter wie Stiefvater generell an Handgreiflichkeiten nicht sparten. Meistens ging es bei den Streitereien um Geld, das ihrer Mutter so wichtig war. Heinrich Wiese warf seiner Frau ständig Verschwendungssucht vor, während sie ihn als alten Geizhals und zudem Parasiten beschimpfte. Neulich gerade wieder hatte ihre Mutter ihr gesagt, dass sie den Kesselflicker lieber vergiftete, als weiter durchzufüttern, da er sein Sparbuch nicht herausrücken wolle. Wie viel Geld auf dem Sparbuch war, wusste Paula nicht, aber sie nahm an, dass es eine recht ordentliche Summe sein müsste, denn früher hatte Heinrich Wiese durchaus viel zu tun gehabt und entsprechend verdient. Mittlerweile brachte er jedoch nicht mehr so viele reparaturbedürftige Töpfe, Pfannen oder andere Haushaltswaren nach Hause, was vermutlich daran lag, dass er eher in den Kneipen anzutreffen war, als auf der Straße in Hamburgs besseren Gegenden, um seine Handwerkerdienste anzubieten. Und wenn er doch einmal etwas zu tun hatte und Geld in die Finger bekam, versoff er es wiederum.

Keinen Tag nachdem Elisabeth Wiese davon gesprochen hatte, ihren Mann am liebsten vergiften zu wollen, hatte sie ihre Tochter aufgefordert, von den Goldregenbäumen, die vor allem im nahegelegenen Sternschanzenpark zu finden waren, die gelben und darüber hinaus giftigen Blüten abzupflücken. Diese wollte die Mutter kochen und ihrem Mann in den Kaffee geben. Paula stieß einen Seufzer aus. Sie hatte aus Angst vor der Mutter die Blüten gesammelt, doch entweder waren es zu wenige gewesen, oder ihre Mutter hatte es sich anders überlegt, auf jeden Fall lebte Heinrich noch. Die junge Frau mochte ihren Stiefvater, obwohl sie sich meist aus dem Weg gingen. Aber selbst wenn sie Heinrich nicht hätte leiden können, niemand hatte eine Frau wie ihre Mutter verdient. Paula nahm an, dass er wie üblich bei der Hochzeit betrunken gewesen war und deswegen überhaupt Ja zu einer Ehe mit der über 30-jährigen Elisabeth gesagt hatte. Und warum er bisher nicht Reißaus genommen hatte, konnte sich Paula denken: Gewiss hatte ihre Mutter, zumindest in der ersten Zeit ihrer Ehe und sicherlich auch schon davor, besonders ausgefallene weibliche Kniffe im gemeinsamen Bett angewandt. Dass Elisabeth Wiese solche kannte, hatte Paula gerade heute Morgen noch erfahren, da diese ihr davon so einige für das, was gleich auf sie zukommen würde, mit auf den Weg gegeben hatte. Paula war schon beim Zuhören mulmig geworden, doch das hatte ihre Mutter nicht interessiert.

Die Gedanken der jungen Frau schweiften wieder in die Vergangenheit nach Hannover – es waren keine Erinnerungen, sondern vielmehr Sätze, die sie aufgeschnappt und sich zusammengereimt hatte. Wie es schien, durfte die Mutter aufgrund ihrer dortigen Verurteilungen keine Pflegekinder mehr aufnehmen, wodurch sie sich früher wohl häufiger ein paar Mark dazu verdient hatte. Als nicht nur durch diesen Beschluss das Geld immer knapper geworden, sondern Elisabeth Wiese auch immer mehr unter den Radar der Gesetzeshüter geraten war, war die Familie Mitte der

1890er-Jahre nach Hamburg-St. Pauli, in die Wilhelminenstraße, gezogen, wo es in diesem Moment laut an der Haustür klopfte. Unwillkürlich raffte Paula sich den Morgenmantel enger zusammen. Ihre Mutter hatte ihn ihr eben mit der Weisung hingehalten, ihn sich überzuziehen. Er hatte seine beste Zeit sichtbar hinter sich. Elisabeth Wiese hatte ihn gebraucht gekauft und am Kragen war er bereits zerschlissen. Auch war er nicht mehr blau, wie wahrscheinlich ehemals, sondern vom Waschen fast schon grau ausgefärbt. Paula hoffte, ihre Mutter hatte ihn ebenfalls gewaschen, bevor sie ihn ihr gegeben hatte. Bei der bloßen Vorstellung, in ein Kleidungsstück einer anderen Frau geschlüpft zu sein, ohne dass es zuvor gereinigt worden war, schüttelte es Paula, zumal sie nackt unter dem Morgenmantel war – das war ebenfalls eine Anordnung der Mutter gewesen. Sie hatte gemeint, Unterwäsche bräuchte Paula nicht, da es nur unnötig Zeit kosten würde, diese auszuziehen und ihre Tochter heute noch ein paar mehr Termine hätte. Außerdem besaß Paula Berkefeld bislang keine Wäsche, die das Blut eines Mannes in Wallung bringen würde, eher im Gegenteil.

Als die Zimmertür aufging, erhob sich die junge Frau von ihrem Stuhl am Fenster und schaute dem Eintretenden entgegen. Hinter ihm stand ihre Mutter. Ihre Augen waren zu kleinen Schlitzen verzogen, was ihrem Blick einen drohenden Ausdruck gab. Es war das erste Mal, dass Paula einen solchen Besuch bekam. Ihre Mutter hatte den Einfall gehabt, wobei er sicher nicht spontan gewesen war, sondern über die Jahre gereift – schließlich gehörte hier in der Wilhelminenstraße der Kontakt zu Huren und Luden zum Alltag, waren diese Menschen doch gleichzeitig Nachbarn oder Bekannte, wenn nicht gar Freunde. Darüber hinaus war Paula jetzt im besten Alter für dieses Gewerbe und sah dazu noch hübsch aus, wie ihr nicht nur immer wieder andere Menschen bestätigten, sondern ebenso der tägliche Blick in den Spiegel. Sie war schlank, hatte blasse, ebenmäßige Haut, die sie trotz ihrer Herkunft edel aussehen ließ, und große Augen, die von langen geschwungenen Wimpern dicht gesäumt waren. Was sie jedoch am meisten an sich mochte, weil sie festgestellt hatte, dass sie durch diese kleine, äußerliche Gabe der Natur die Herzen der meisten Leute im Sturm eroberte und ihr dadurch das Leben erleichtert wurde, waren ihre Lachgrübchen. Diese verliehen ihr eine permanente Fröhlichkeit, obwohl es für sie kaum etwas zu lachen gab. Ob sie die von ihrem Vater geerbt hatte? Jetzt, in diesem Moment hätte sie gern auf ihre Grübchen verzichtet und sich lieber in eine fette Kröte verwandelt, damit der Mann im Türrahmen auf dem Absatz kehrtmachte und die Wohnung wieder verließ. Dabei hatte sie selbst die Anzeige bei den »Hamburger Nachrichten« sowie dem »General-Anzeiger« und dem »Fremdenblatt« aufgegeben. Sie kannte den Wortlaut auswendig: »Eine junge Dame bittet einen edeldenkenden Herrn um 30 Mark Unterstützung gegen dankbare Rückzahlung.« Danach folgte noch ihre Adresse und das war es. Ihre Mutter hatte sich den Text überlegt und sie damit losgeschickt. Vor den Leuten in den Anzeigenbüros, die den Text notiert und ihr in Rechnung gestellt hatten, hatte Paula sich geschämt, doch die hatten keine Miene verzogen. Vermutlich hatte das daran gelegen, dass es haufenweise solcher Anzeigen in diesen Blättern gab und die Anzeigenverkäufer sich längst daran gewöhnt hatten. Ob sie sich auch irgendwann daran gewöhnen würde? Nicht an das Aufgeben der Anzeige, sondern an ihre »Rückzahlung an die edeldenkenden Herren«.

Der Mann trat jetzt ganz in das Zimmer ein. Er sah nicht aus wie einer der Arbeiter aus dem Viertel und auch nicht wie ein Matrose, sondern bürgerlich. Er trug einen etwas altmodischen Tweedmantel und einen passenden Hut dazu. Er musterte sie unverhohlen und Paula schlug die Augen nieder. Sie kam sich vor wie eine dieser im Fenster ausgestellten und köstlich anzusehenden Torten aus der Conditorei Christiansen, die letztes Jahr eröffnet hatte und deren guter Ruf sogar bis hier nach St. Pauli vorgedrungen war. Aus purer Neugier hatte sie im Sommer den Weg in Richtung des Generalviertels eingeschlagen, um sich selbst zu überzeugen. Ab dem Rathausmarkt hatte sie die Tram bis zur Hoheluftchaussee genommen, der Straße, in der auch die Conditorei lag. Bereits von Weitem hatte sie gesehen, dass sie nicht als Einzige auf die Idee gekommen war, sich die Leckereien einmal aus der Nähe anzuschauen. Zwei Frauen, ein kleines Mädchen und ein Mann hatten sich damals am Schaufenster von Christiansen die Nasen plattgedrückt, genau so wie sie selbst zehn Sekunden später. Keiner von ihnen hatte etwas gesagt. Eigentlich hatte sie sich vorgenommen, ein Stück Gebäck zu kaufen und extra Geld dafür eingesteckt. Dann hatte sie es jedoch gelassen. Sie hatte gar nicht erst auf den Geschmack kommen wollen. Heute war sie froh, die Münzen gespart zu haben.

»Ich lass Sie dann mal jetzt mit der jungen Dame allein und falls sie sich anstellt oder Ihnen nicht zu Willen ist – die jungen Dinger sind ja bisweilen recht launisch heutzutage – dann zögern Sie nicht und zeigen Sie ihr, wer der Stärkere von Ihnen beiden ist. Aber das sagte ich Ihnen ja bereits«, hörte sie nun die Stimme ihrer Mutter im Hintergrund. Daraufhin wurde die Tür geräuschvoll zugezogen und sie war mit dem Mann allein. Noch immer mit gesenktem Blick ging Paula zum Sofa hinüber, setzte sich und klopfte, wie sie zuvor von der Mutter instruiert worden war, auf den Platz neben sich. Dann erst blickte sie auf. Der Fremde hatte sich inzwischen seines Mantels und Huts entledigt und öffnete gerade seine Hose, während er siegessicher grinsend auf sie zutrat. Paula kam es vor, als würde er die Zähne fletschen.

*

Er drückte die schwere Haustür auf, betrat das Treppenhaus, zog sich die Handschuhe ab und knöpfte seinen Ulster auf, während er gemächlich die Stufen hinaufging. Er würde sich bald einen neuen Mantel zulegen müssen, seine Frau hatte vor ein paar Tagen die Nase über seinen jetzigen gerümpft und gemeint, der wäre nicht nur bereits abgetragen, sondern völlig aus der Mode und das würde seinem Ansehen schaden. Mal sehen, vielleicht schaffte er es nachher noch zu Ladage & Oelke, dem Herrenausstatter in den Alsterarkaden. Jetzt war er erst einmal hier.

Er wusste, dass er richtig war – er war schon öfter in diesem Mietshaus auf St. Pauli gewesen. Das erste Mal vor gut einem Monat. Das Mädchen hatte ihm von Anfang an gut gefallen und inzwischen suchte er sie regelmäßig auf. Trotzdem las er nach wie vor den Inseratenstrich und probierte gelegentlich andere aus, da er junges, unverbrauchtes Fleisch am liebsten hatte. So hatte er auch registriert, dass mittlerweile bei Paulas Anzeige die volle Adresse durch eine Chiffre ersetzt worden war. Ob der Andrang zu groß gewesen war? Normalerweise wäre das für ihn ein Kriterium gewesen, nicht mehr herzukommen, doch bei dieser Berkefeld war das anders. Trotzdem sie seit mindestens eineinhalb Monaten in diesem Gewerbe arbeitete, wirkte sie auf ihn nach wie vor unschuldig. Das lag daran, dass sie – obwohl sie ihn bereits kannte – stets große Augen machte, die in ihrem blassen Gesicht verschreckt wirkten, wenn sie ihn in der Guten Stube der Wohnung begrüßte. Sie zierte sich jedes Mal und wirkte verkrampft, wenn sie sich auf dem Sofa von ihrem Morgenmantel befreien und vor ihm entblößen sollte, damit er seinen Spaß mit ihr treiben konnte. Ihn stachelte dieses Getue an, zumal er gern grob wurde und sie ihm dadurch einen perfekten Grund lieferte, sodass er diesen nicht seiner Fantasie überlassen musste. Neulich war es für ihn ein noch schöneres Schauspiel gewesen und er hoffte darauf, dass er heute wieder in einen solchen Genuss kommen würde: Paula hatte sich rundweg geweigert, ihn zu empfangen. Sie war aus der Stube herausgelaufen und hatte sich in eines der anderen Zimmer eingeschlossen, die von dem langen, schlauchartigen Flur abgingen. Zuvor war Elisabeth Wiese mit einem Küchenmesser auf das Mädchen losgegangen und hatte geschrien, dass sie sie totmachen würde, wenn sie ihm nicht zu Willen wäre. Er hatte sich herrlich amüsiert. Bis zu diesem Zeitpunkt hatte er angenommen, Paula sei eine Untermieterin in der Wilhelminenstraße, doch in jenem Moment hatte er mitbekommen, dass die Wiese ihre Mutter war. Die war nach Paulas Flucht in das Zimmer wie eine Furie hinter dem Mädchen hergerannt und hatte unter wüsten Beschimpfungen gegen die Tür gehämmert. Zuerst hatte Paula zurückgeschrien, doch dann hatte sie hinter der Tür zu weinen angefangen und gefleht: »Bitte Mutter, ich kann nicht. Bitte, schicke ihn wieder weg.«

Ihn hatte das enorm erregt und zu seinem Wohlgefallen war die Wiese unerbittlich ihrem eigenen Fleisch und Blut gegenüber gewesen. Mit tränenverschleiertem Blick hatte Paula nach etwa fünf Minuten die Zimmertür geöffnet, war mit hängenden Schultern in die Stube gegangen und hatte sich auf das Sofa gesetzt. Er war ihr wortlos gefolgt.

Heute war er nicht angemeldet, da er sich vorhin spontan entschlossen hatte, Paula zu besuchen. Sein Begehren war derzeit besonders groß. Er war sich sicher, dass die Wiese ihm nicht die Tür vor der Nase zuschlagen würde. Und falls noch jemand bei Paula war, könnte er warten – für heute hatte er keine Termine mehr, außer eventuell den Kauf eines neuen Mantels. Er hoffte jedoch nicht warten zu müssen, da seine Freude auf das Mädchen mit jeder Stufe, die er nahm, wuchs. Wenn allerdings tatsächlich noch jemand bei ihr war, dann musste er selbst diese Freude noch in die Länge ziehen, denn er würde dann darauf bestehen, dass sie sich vor ihrer Begegnung mit ihm wusch. Und er würde ihr dabei zusehen. Er musste in sich hineinschmunzeln, als er an ein anderes Mal dachte. Auch an dem Tag war er unangemeldet hierhergekommen und gerade, als er zum Türklopfer gegriffen hatte, war von innen geöffnet worden. Der Mann, der hinaustreten wollte, hatte ebenso überrascht wie er gewirkt, vielleicht sogar noch etwas mehr, da seine Hand auf dessen Gesichtshöhe geschwebt hatte, als würde er zum Schlag ausholen und nicht, um den Türklopfer zu greifen. Er hatte ein »Pardon« gemurmelt, während der andere seinen Hut tiefer in die Stirn gezogen und nur kurz genickt hatte. Dann hatte sich der Mann an ihm vorbeigedrängt und war die Treppe eilig hinabgelaufen. Scheinbar hielt der Herr seinen Besuch in dieser Wohnung für sehr delikat. Er selbst verstand das nicht. Für einen Mann war es doch normal, seine Begierden bei Frauen wie Paula auszuleben. Selbst wenn die Umstände nicht so waren, wie bei ihm momentan. Seine eigene Frau war derzeit mit dem zweiten Kind schwanger und verbrachte die Nächte nicht neben ihm. Aber selbst wenn dies anders wäre, würde er zu Huren gehen. Seine Frau kannte seine Neigungen nicht und er würde sie nicht mit ihr ausleben wollen. Seine Frau war rein und wenn es zu Begegnungen kam, dann nur im Dunkeln, so, wie es sich für eine anständige, wohlerzogene Dame der besseren Gesellschaft gehörte. Er liebte sie aufrichtig und war stolz auf ihre Sittsamkeit. Deswegen hatte er sie zur Mutter seiner Kinder auserkoren und geheiratet. Und wofür waren schließlich Prostituierte da? Es gab immer mehr von ihnen. Gerade für die einfachen Leute war es in diesen sich umwälzenden Zeiten nicht leicht und viele Frauen mussten aus existenzieller Not heraus dazuverdienen. Vielfach handelte es sich um Dienstmädchen und Verkäuferinnen, deren Löhne dermaßen gering waren, dass sie geradezu in die Prostitution getrieben wurden. Ihm war das Warum gleichgültig. Für ihn zählte allein, dass es zuhauf Mädchen gab, die sich ein paar Mark dazuverdienen wollten oder mussten. So wie Paula.

Inzwischen war er im ersten Stock angekommen. Er holte seine Geldbörse hervor und entnahm ihr 10 Mark, die er lose in seine Tasche steckte. In der Anzeige stand nach wie vor 30 Mark, aber das hatte er von vornherein nicht gezahlt. Er hatte aus Erfahrung gewusst, dass eine hohe Summe angegeben wurde, da die Dirnen oder deren Kuppler davon ausgingen, dass sowieso verhandelt wurde. Beim ersten Mal mit Paula hatte er sogar nur 5 Mark gegeben, doch da sie, wenn er erst dabei war, seine Wünschen befriedigte und sich einiges von ihm gefallen ließ, zahlte er nach Absprache mit der Wiese inzwischen das Doppelte. Als höher gestellter Beamter konnte er sich das leisten. Nicht jeden Tag, aber immerhin.

*

Endlich war er wieder weg. Paula war noch nicht einmal aufgestanden, um ihn zur Tür zu begleiten. Wozu sollte sie höflich sein? Er war einer der vielen Namenlosen, die sich hier seit nun fast drei Monaten die Klinke in die Hand gaben. Paula entließ einen Stoßseufzer, als sie sich in Gedanken berichtigte: Namenlos stimmte nicht ganz. Von den meisten Männern, die sie aufsuchten, kannte sie zumindest einen Vornamen. In der Regel von denen, die wiederkamen, da sie sich ihr allem Anschein nach irgendwie verbunden fühlten. Sie mochten. Nein, korrigierte Paula sich ein weiteres Mal: Sie wollten. Nicht mehr und nicht weniger.

Sie empfand alles Mögliche für die Männer. Abscheu, Ekel, hin und wieder Mitleid aber bestimmt keine Verbundenheit. Angst, ja Angst hatte sie auch vor ihnen. Besonders vor dem einen, der inzwischen 10 Mark für sie bezahlte. Seinen Namen kannte sie, doch sie durfte ihn nicht benutzen. Sie musste ihn wenn überhaupt mit »Herr« anreden. Er war so schlimm wie ihre Mutter. Er schlug und misshandelte sie, als würde sie nichts spüren können. Allerdings tat er es so, dass seine Misshandlungen auf ihrem Körper nie lange zu sehen waren. Oder sogar gar nicht. Er sagte, das sei eine Kunst und sie damit sein ganz persönliches Kunstwerk. Paula musste sich vor Grauen schütteln. Der Mann der eben bei ihr gewesen war, hatte sich auf ganz normale Weise geholt, was er wollte. Sie hatte dagelegen wie ein Brett und ihn machen lassen. Nach zehn Minuten einschließlich An-, Aus- und wieder Anziehen war alles vorbei gewesen. Zum Abschied hatte er ihr gesagt, dass er schon Bessere erlebt hätte. Dann war er aus dem Zimmer gegangen. Falls er nicht noch einmal zu ihr kommen würde, würden andere kommen. Darum war ihr das egal. Mit einem Mal wurde ihr bewusst, worüber sie eigentlich nachdachte. Über sich, sich als Ware. Ihr lief ein Schauder des Ekels über den Rücken. Doch nicht der Gedanke an die Männer, die sie für eine kurze Weile kauften, stieß sie ab, sondern sie selbst. Wie so oft in den letzten drei Monaten dachte sie darüber nach, was sie hier nur mit sich geschehen ließ. Ihre Freundin Fräulein Fuß war auch in diesem Gewerbe. Aber sie war es mehr oder minder freiwillig, im Gegensatz zu Paula. Und genau darin lag der Unterschied. Auf Druck ihrer Mutter war sie sogar ein paarmal mit ihrer Freundin auf den Straßenstrich gegangen. Das war dann gewesen, wenn sich auf die Anzeige zu wenig Herren gemeldet hatten, um sie in der Wohnung aufzusuchen. Auf dem Straßenstrich war es noch schlimmer gewesen, als den Männern hier in der Wilhelminenstraße ausgeliefert zu sein. In der Wohnung konnte sie sich hinterher wenigstens einigermaßen waschen und die Freier waren nicht so ein dahergelaufenes Gesindel, wie die, die sich eine Frau auf der Straße kaufen mussten. Und auf der Straße verdiente man nicht so gut wie zwischen vier Wänden. Das hatte sie vor allem immer dann zu spüren bekommen, wenn sie nach Hause gekommen war und ihre Mutter bei ihr abkassiert hatte. Oft hatte sie dann für den geringen Erlös Schläge kassiert. Doch wenigstens war sie nicht allein auf dem Strich unterwegs gewesen. Das war das einzig Gute daran. Einmal hatte ihr die Mutter sogar geraten, sich zusammen mit Fräulein Fuß ein Absteigequartier zu nehmen. Sie hatte gemeint, dann würde Paula auf dem Strich besser verdienen. Schließlich könnte sie den Männern in so einem Zimmer mit Bett und einigermaßen vor dem Wetter geschützt mehr bieten, als hinter irgendeiner Häuserecke. Paula hatte erwidert, dann könnte sie die Freier auch in die Wilhelminenstraße hochbringen, doch das wiegelte ihre Mutter sofort ab. Elisabeth Wiese wollte diese Männer nicht in der Wohnung haben, bei solch einem Pack wüsste man nie. Und was würden da die Untermieter und Heinrich sagen. So war Paula nicht weiter auf den Vorschlag ihrer Mutter eingegangen. Ein Absteigequartier kostete nicht gerade wenig, selbst wenn sie sich die Miete mit Fräulein Fuß teilen würde und darüber hinaus hatte sie bereits zu diesem Zeitpunkt einen anderen Plan.

Paula war noch immer nackt. Jetzt richtete sie sich aus ihrer liegenden Position auf und griff nach dem Morgenmantel, der zusammengeknautscht in der rechten Ecke des Sofas lag. Dann stand sie angestrengt auf und streifte sich ihn über. Wann würde das endlich alles vorbei sein? Wenn es nach Elisabeth Wiese ging wohl nie. Beinahe täglich ließ ihre Mutter die Anzeige von den Annoncenbüros der Zeitungen schalten, damit ihnen bloß kein »edeldenkender Herr« durch die Lappen ging. Paula kam sich jeden Tag mehr wie ein Stück Vieh vor. Und ihre Mutter war der Parasit, der sich in sie hineingebohrt hatte und an ihr labte. Von dem Verdienst, den Paula einbrachte, sah sie kaum etwas und wenn, dann nur in Naturalien: Ihre Mutter gab ihr gerade einmal so viel zu essen und zu trinken, dass sie »nicht vom Fleisch fiel«, wie diese gern gegenüber anderen erklärte. Als würde ihr Magen ihre Gedanken bestätigen wollen, brummte er jetzt laut, was Paula zum Anlass nahm, um die Stube zu verlassen und in die Küche zu gehen. Vielleicht würde sie ein Stück Brot finden und es essen können, ohne dass ihre Mutter es bemerkte. Sie hatte Pech. Elisabeth Wiese saß in der Küche am Tisch und zählte Geld. Eine ihrer Lieblingsbeschäftigungen. Wenn es sich allein vom Zählen vermehren würde, würden wir vor Geld und nicht vor Kohl stinken, schoss es Paula gerade in dem Moment durch den Kopf, als die hagere Frau am Tisch aufschaute. Trotz der vielen Münzen auf der Platte, sah ihre Mutter unzufrieden aus, als ihr Blick auf die eintretende Tochter fiel. Über Elisabeth Wieses auffallend großer und leicht gebogener Nase, bildete sich in Sekundenschnelle eine Zornesfalte. Paula wusste, was das zu bedeuten hatte und wollte schon auf dem Absatz kehrtmachen, als ihre Mutter aufstand. Drohend sagte sie: »Bleib hier! Ich hab mit dir zu reden! Was hast du da eben mit dem Kerl getrieben, häh? Hast du es überhaupt mit ihm getrieben oder hast du dich mal wieder angestellt? Wieso hat er nicht für dich bezahlen wollen? Kannst du mir das erklären? Und der davor hat nur zwei Mark gegeben. Der hätte viel mehr geben müssen. Warum stellst du dich so dumm an? Es ist doch nun wirklich nicht schwer, einen Mann zufriedenzustellen! Aber eines sag ich dir, du blödes Stück, wenn noch mal einer nicht zahlt, dann kannst du dein blaues Wunder erleben. Und jetzt verzieh dich wieder in die Stube. Gleich kommt einer, bei dem du dich hoffentlich nicht so dumm aufführst, sonst gnade dir Gott.«

Paula erstarrte: »Nein, Mutter, ich will nicht. Nicht noch einer heute. Bitte, schick ihn weg! Ich hab Hunger und …«

»Hunger? Hunger! Pah, dass ich nicht lache. Denkst du eigentlich nur an dich? Und was ist mit mir? Wie soll ich das alles bezahlen, wenn du dich hier vollfrisst und noch nicht einmal etwas dafür tun willst?«, unterbrach Elisabeth Wiese ihre Tochter barsch, bückte sich nach unten und schlüpfte aus einem ihrer Pantoffeln. Dann erhob sie sich noch während sie redete vom Küchenstuhl und trat mit dem Schuh in ihrer erhobenen Hand drohend auf ihre Tochter zu. Die zog aus einem Reflex heraus sofort ihre Schultern hoch und senkte ihren Kopf hinein, um sich kleiner zu machen, weil sie wusste, was nun auf sie zukommen würde.

»Mutter, bitte nicht, ich …«, flehte sie, doch es half nichts, denn schon landete der Holzpantoffel hart auf ihrem Kopf. Sie schützte ihn mit den Armen, doch das störte die Mutter nicht. Sie drosch auf Paula ein, sodass diese schließlich in die Hocke ging und in Kauerstellung den Ausbruch von Elisabeth Wiese über sich ergehen ließ. Diese begleitete ihre Schläge mit den Worten:

»Hast du dir eigentlich mal überlegt, was du mir antust? Ein bisschen mehr Dankbarkeit wäre wohl angebracht. Du kleines Flittchen liegst mir auf der Tasche und bist dir zu fein, um zu arbeiten. Dir zeig ich es. Das lass ich mir nicht gefallen.«

Elisabeth Wiese atmete schwer und dann hörten die Schläge plötzlich auf. Für einen hoffnungsvollen Augenblick meinte Paula, das Donnerwetter sei vorüber, aber schon einen Atemzug später spürte sie, dass sie sich getäuscht hatte. Es wurde noch schlimmer. Die Wiese hatte nur kurz innegehalten, um ihren Pantoffel wieder anzuziehen und begann jetzt, ihre Tochter mit den Füßen zu traktieren. Paula kam nicht dagegen an, bis sie vollständig auf dem Boden lag, was die Mutter nutzte, um sich auf ihre Tochter zu stellen und auf ihr herumzutrampeln. Erst ein lautes Klopfen an der Haustür stoppte die Furie.

»Steh auf und geh in die Stube, dein Kunde ist da und keine Sperenzchen mehr, hast du verstanden?«, zischte sie ihre Tochter an, und zerrte sie an den Haaren hoch. Paula richtete sich mühsam auf. Sie konnte nur noch ein demütiges »Ja« hauchen. Mehr brachte sie nicht heraus. Alles tat ihr weh. Vor allem ihre Rippen schmerzten und das Atmen war schlagartig eine Qual für die junge Frau geworden. Sie schleppte sich in das Zimmer, ließ den Morgenmantel achtlos von ihren Schultern gleiten, sodass er mitten im Raum liegenblieb, legte sich rücklings und mit aufgestellten Beinen auf das Sofa und wartete.

Nachdem sie dem Besucher zu Willen gewesen war,

blieb sie vor Erschöpfung liegen. Nur wenn sie sich nicht bewegte, schmerzte ihr Körper nicht. Sie schloss die Augen und glitt kurz darauf in einen unruhigen Schlaf. Sie wusste nicht, wie lange sie so dagelegen hatte, als ein unsanftes Rütteln an ihrer Schulter sie weckte, begleitet von den Worten: »Du unnützes Ding. Schläfst hier und verplemperst den Nachmittag. Los, steh auf, du hast noch Wäsche zu waschen. Heinrich hat den Waschofen schon angeheizt und du sieh zu, dass du nicht wieder so viel Kernseife wie das letzte Mal benutzt. Und jetzt mach hinne.«

Paula getraute sich nicht, ihrer Mutter zu wiedersprechen und richtete sich auf. Ein stechender Schmerz durchfuhr sie, doch sie biss die Zähne zusammen. Elisabeth Wiese sollte davon nichts merken. Paula hatte Angst, dass diese sonst in ihrer Boshaftigkeit ein weiteres Mal gegen ihre Rippen schlagen würde. Plötzlich sah die junge Frau dort, wo ihr Kopf gelegen hatte etwas aufblitzen. Es war eine Münze. Sie musste von dem Mann sein, der sie als Letzter aufgesucht hatte. Schnell legte Paula ihre Hand auf das Geldstück und schloss sie zur Faust zusammen, um es vor den Augen der Mutter zu verbergen. Dann stand sie auf. Sie war nach wie vor nackt und fühlte sich unter dem Blick ihrer Mutter noch verletzlicher. Hoffentlich fragte Elisabeth Wiese nicht, warum Paula ihre Hand zur Faust geballt hatte. Ihr Herz raste. Inzwischen hatten sich auf ihrem Körper überall Flecken verteilt – jetzt waren sie rot, aber die junge Frau wusste aus Erfahrung, dass sie bald ihre Farbe zu Dunkelblau über Grün bis zu Gelb wechseln würden. Insgesamt würde sie bestimmt wieder drei Wochen etwas von ihnen haben. Und die an ihrem Brustkorb würden sicher erst nach vier Wochen vergehen. Automatisch legte Paula ihre freie Hand darauf, wahrscheinlich waren eine oder gar mehrere Rippen gebrochen. Doch selbst wenn, würde die Mutter keine Gnade mit ihr haben, was diese auch gleich bestätigte indem sie nach eingehender und, wie es Paula vorkam, zufriedener Musterung des Körpers ihrer Tochter sagte: »Na, da hast du ja jetzt ein paar schöne Erinnerungen daran, wie es ist, wenn du nicht spurst.« Nach diesen Worten drehte Elisabeth Wiese sich um und verließ das Zimmer. Die Anspannung wich aus Paula heraus, wie aus einem Fahrradreifen – wenigstens hatte die Mutter nichts zu ihrer Faust gesagt, in der die Münze bereits zu brennen schien. Sie hob den Morgenmantel vom Boden hoch, zog ihn über und ließ die Münze in die aufgesetzte Tasche hineingleiten.

Nachdem sie die Wäsche gemacht hatte, durfte Paula endlich in ihre Kammer, wo sie sorgsam die Tür verschloss. Vorhin hatte sie nur eilig den Morgenmantel gegen ihre Alltagskleidung eingetauscht, ohne die Münze aus der Tasche zu holen. Jetzt ging sie mit Herzklopfen zum Mantel, den sie an den Haken an der Tür gehängt hatte. Ob ihre Mutter die Münze entdeckt hatte? Sie durchsuchte manchmal das Zimmer ihrer Tochter, wenn es ihr gerade in den Sinn kam. Paula zog die Luft zwischen ihren aufeinandergebissenen Zähnen ein, während sie in der Tasche nach dem Geldstück nestelte. Erleichtert atmete sie aus. Es war noch da!

Schnell steckte sie die Münze in ihren Strumpf, tappte um möglichst wenig Geräusche zu machen, auf Zehenspitzen zu ihrem Bett, hob die Matratze am Fußende an und fühlte nach dem Loch, das sie dort vor einiger Zeit hineingebohrt hatte. Als sie es gefunden hatte, pfriemelte die junge Frau den darin hineingepressten kleinen Leinenbeutel heraus und versteckte ihn rasch in ihrer Leibwäsche. Dann trippelte sie nach wie vor auf Zehenspitzen zur Tür, um sie eilig wieder aufzuschließen. Ihre Mutter mochte es nicht, wenn sie absperrte und machte jedes Mal ein großes Theater, wenn sie es bemerkte. Nun richtete Paula ihren Rock, stahl sich aus der Kammer und verließ die Wohnung, um den Lokus auf halber Treppe aufzusuchen. Dort verriegelte sie die Tür, ohne darauf Rücksicht zu nehmen, dass es laut sein könnte, denn hier sagte noch nicht einmal ihre Mutter etwas dagegen. Danach setzte sie sich unter Schmerzen auf den Boden des engen und zugigen Raumes, klaubte die Münze aus ihrem Strumpf – es waren ganze fünf Mark, schüttete den Inhalt des Beutels in ihren Schoß und legte die Münze dazu. Auch der Leinenbeutel hatte Geld beherbergt, das jetzt einen schönen Haufen auf ihrem Rock bildete. Das Geld hatte sie sich über einen längeren Zeitraum mühsam zusammengespart. Wenn ihre Mutter sie für Besorgungen losgeschickt hatte, hatte sie hier und da einmal ein paar Pfennige behalten, aber vor allem stammte das Geld von den Männern, die ihre Dienste in Anspruch genommen hatten. Meist von denen, die ein zweites oder drittes Mal wiedergekommen waren. Sie hatten zwar alle bei ihrer

Mutter bezahlt, doch ebenso Paula eine Münze hingeworfen, so wie heute ihr letzter Kunde. Ob aus Mitleid oder Dankbarkeit war der jungen Frau gleichgültig. Wenn sie schon zur Unzucht gezwungen wurde, dann nahm sie auch ohne Skrupel einen »Bonus« entgegen, wie einer der Herren es unlängst genannt hatte. Einmal, als ein Kunde wieder nichts an die Mutter für sein Zusammensein mit Paula gezahlt hatte, hatte diese sie mit ihrem stechenden Blick gefragt, ob Paula sie beklauen würde. Die junge Frau hatte keinen Ton herausgebracht und nur mit dem Kopf geschüttelt. Die Mutter hatte sie daraufhin verdroschen und anschließend ihr Zimmer durchsucht. Das Loch in der Matratze hatte sie glücklicherweise nicht entdeckt und es dann dabei belassen, ihrer Tochter an diesem Tag nichts mehr zu Essen zu geben. Paula war das Knurren ihres Magens wie ein Glück vorgekommen und hatte es gern hingenommen, denn sie wusste: Hätte Elisabeth Wiese den Leinenbeutel gefunden, hätte sie sie totgeschlagen. Sie hätte es nicht aus Vorsatz getan, um zu verhindern, dass Paula weiterhin Geld vor ihr zurückhielt, sondern aus einem unbezähmbaren Zorn heraus, der sie schon bei kleineren Anlässen wild werden ließ und von dem Paula seit ihrer Kindheit ein Lied singen konnte. In dem Moment wäre es Elisabeth Wiese absolut egal, dass Paula gerade die Kuh war, die sie melkte und mit deren Hilfe sie ihre eigene Existenz absicherte. Trotz dieses Wissens hatte Paula schon bevor ihre Mutter sie zum Flittchen gemacht hatte, immer einmal mühsam Geld abgezwackt. Zu Beginn, um sich hier und da einmal etwas leisten zu können, das ihr Leben für einen kurzen Augenblick schöner machte. Als sie jedoch zum ersten Mal von einem Kunden ein paar lose Münzen hingeschmissen bekommen hatte, hatte sie einen Plan gefasst und deswegen hortete sie seitdem das Geld, um ihn verwirklichen zu können. Sie wollte aus diesem schrecklichen Leben mit ihrer Mutter fliehen. Es musste ganz weit weg sein und sie hatte auch schon eine Vorstellung, wo das war. London. Sie hatte sich schlau gemacht und so war sie auf die britische Großstadt gekommen. Davor hatte sie an Amerika gedacht. Viele Leute die sie kannte träumten von Amerika und deswegen hatte sie es in Ermangelung einer Alternative auch getan. Aber mit einem unguten Gefühl. Es war so unvorstellbar weit weg und wenn sie dorthin gehen würde, würde sie tatsächlich alle Brücken hinter sich abreißen, und das getraute sie sich nicht. Ganz abgesehen davon, dass eine Überfahrt auf den nordamerikanischen Kontinent nicht gerade günstig war. Dann war sie auf London gekommen. Widersinnigerweise hatte ein Freier von der Stadt geschwärmt und Paula war sofort Feuer und Flamme gewesen. Zwischen Hamburg und London lag wie zwischen Hamburg und Amerika ebenso das Meer und ihre Mutter würde sie, trotzdem London nicht so weit entfernt war, auch nicht einfach mal eben so zurückholen können. Und durch London floss die Themse, die noch schöner sein sollte, als die Elbe, an die sie so gern ging. Das hatte der Freier erzählt, ein Hamburger Kaufmann, der öfter zwischen den Städten hin- und herreiste. Der Londoner Fluss würde der jungen Frau das Heimweh, das sie zweifelsfrei bekommen würde und weswegen Amerika definitiv nicht für sie infrage kam, bestimmt erträglicher machen. Denn sosehr sie unter ihrer Mutter litt, hier war sie seit Jahren zu Hause, hier kannte sie jeden Winkel und auf St. Pauli sicherlich jede Gasse, durch die sie vor allem als Kind so gern gestreift war, als sich niemand um sie geschert hatte. Außerdem waren hier ihre Freunde. Fräulein Fuß würde sie sicherlich am meisten vermissen. Hin und wieder haderte Paula mit sich, ob sie Hamburg wirklich verlassen sollte, doch es ging nicht anders. Sie riskierte ihr Leben, wenn sie hierbliebe. So wie sie sie zu Tode prügeln würde, wenn sie Paulas Diebstahl entdecken würde, so würde ihre Mutter sich auch bei anderen »Delikten«, die sich ihre Tochter zu Schulden kommen lassen könnte, nicht im Griff haben. Es war nur eine Frage der Zeit.

Paula Berkefeld zählte das Geld in ihrem Schoß und als sie fertig war, hätte sie am liebsten laut »Juhu« gerufen. Aus Furcht vor Entdeckung tat sie es nicht. Dafür liefen ihr stille Tränen der Freude über die Wangen – sie hatte endlich ausreichend zusammengespart, um die Schiffsfahrt nach London zu bezahlen. Glücklich klaubte die junge Frau die Münzen zusammen und tat sie zurück in den Beutel, den sie mit einem Doppelknoten verschnürte und wieder in ihrer Leibwäsche versteckte. Dann schob sie den Riegel auf, verließ den Abort und ging zurück in die Wohnung, wo sie nach einer achtlos im Flur auf der Anrichte liegen gelassenen Zeitung griff, sich in ihre Kammer zurückzog und in die Stellenangebote vertiefte.

» Vors. Des Gerichts: Wie sind Sie denn überhaupt dazu gekommen, diese Frau zu heiraten?

Zeuge Wiese: Es war damals ein ganz manierlich aussehendes Mädchen und sehr geschickt in allen Arbeiten. «

(Aus der Befragung von H. Wiese durch das Gericht im Prozess gegen E. Wiese, 1904)

2. AUF UND DAVON
FEBRUAR/MÄRZ 1902

Nachdem Fräulein Fuß von den Elbbrücken zurückgekehrt war, hatte sie sich noch einmal ins Bett gelegt. Sie lebte in einer kleinen Kammer unter dem Dach in einer Seitengasse St. Paulis. Obwohl es einen Ofen gab, war es in der Kammer bis auf die Sommermonate stets kalt und klamm, da der Wind und der für Hamburg so typische Regen durch alle möglichen Ritzen eindringen konnten. So verbrachte sie die meiste Zeit im Bett, wenn sie überhaupt hier war, denn nur darin war es einigermaßen warm. Wie zumeist, hatte Fräulein Fuß sich nicht extra umgezogen, sondern vollständig bekleidet, so wie sie eben gerade wieder hinein gekommen war, hingelegt und die löchrige Decke über sich gezogen. Sogar ihren Mantel hatte sie heute noch an. Nur den Hut hatte sie abgenommen und auf die Kleiderkiste gelegt, denn im Bett hätte sie ihn sicher zerdrückt. Der Hut war ihr schönstes Kleidungsstück und sie trug ihn nur zu besonderen Anlässen. Ihre Mutter hatte ihn ihr damals zum Abschied geschenkt, als sie ihre Familie und ihr Dorf verlassen hatte, um in der Großstadt ihr Glück zu versuchen und Fräulein Fuß achtete auf ihn wie auf ihren Augapfel. Er war ihr Andenken an eine schönere Zeit.

»Jede anständige Frau sollte einen anständigen Hut tragen, wenn sie das Haus verlässt«, hatte ihre Mutter, eine einfache Bäuerin, gesagt, ihr einen Kuss auf die Stirn und den Hut auf den Kopf gedrückt. Es war kein moderner, großer und mit Federn geschmückter Hut, wie ihn die Frauen hier in der Stadt seit geraumer Zeit trugen, sondern ein zierliches Kapotthütchen. Aber er war neu gewesen und ihre Mutter hatte mit Sicherheit einiges an Geld für ihn bezahlt. Fräulein Fuß trug ihn nie, wenn sie arbeitete. Sie hätte dann das Gefühl, ihre Mutter endgültig zu verraten, schließlich war ihre Arbeit keineswegs anständig. Dabei hatte sie es wirklich versucht. Sie war auf gut Glück nach Hamburg gekommen und hatte gleich eine Stellung als Dienstmädchen gefunden. Bald darauf hatte der Herr des Hauses sich jedoch an ihr vergriffen. Sie hatte es über sich ergehen lassen – was hätte sie auch tun sollen – doch er hatte es nicht bei ein oder zwei Malen bewenden lassen und so kam es, wie es kommen musste: Der Hausherrin war die Sache zu Ohren gekommen und von einer Sekunde auf die andere hatte Fräulein Fuß auf der Straße gesessen. Bereits am selben Abend hatte sie als Kellnerin in einem Tanzlokal am Ende der Reeperbahn angefangen – das Inserat zu der Stellung hatte sie im Hamburger Anzeiger entdeckt. Sie war glücklich gewesen, überhaupt so schnell wieder etwas gefunden zu haben, besonders da sie nicht ein weiteres Mal als Dienstmädchen und entsprechend als Freiwild für ihren Arbeitgeber in einen

Haushalt wollte. Darüber hinaus hatte sie in ihrer Naivität zudem das Quartier, das mit der Stellung verbunden war, attraktiv gefunden – immerhin hätte sie sonst keine Bleibe gehabt. Zur Not hätte sie sich zwar in eine Pension einmieten können, doch ihr Geld hätte dafür höchstens ein paar Tage gereicht.

Die erste Woche hatte man sie in Ruhe gelassen und sie hatte den leichtbekleideten Damen des Lokals und den Herren, die es besuchten, einfach nur ihre Getränkewünsche serviert. Da war sie glücklich gewesen und hatte angenommen, es würde immer so weitergehen. Zu Beginn der zweiten Woche hatte man ihr dann jedoch aufgetragen, sie solle nicht nur Getränke servieren, sondern sich ebenso dazusetzen und den Herren auch mit ihrem Körper zu Willen sein, wenn diese es wünschten. Sie hatte sich gefügt. Hier hatte sie wenigstens ein Dach über dem Kopf und verdiente gerade so viel, dass sie angenehm leben und noch Geld nach Hause zu ihrer Familie schicken konnte. Außerdem: War sie nicht sowieso bereits ein gefallenes Mädchen? Was machte es da schon noch aus? Darüber hinaus hatte es ihr gutgetan, von den Männern erst hofiert und dann noch dafür bezahlt zu werden, dass sie sich ihnen hingab. Und sie hatte den ihr bisher unbekannten Alkohol gemocht, der so schön berauschte und an den Abenden im Lokal einfach selbstverständlich war. Bei ihrem Dienstherrn war das alles nicht so gewesen. Der hatte sie einfach im Vorübergehen in die Besenkammer gezerrt und sich genommen, was er wollte. Dabei hatte er nie ein Wort gesprochen. Das hatte er auch nicht getan, als seine Frau sie hinausgeschmissen hatte. Er hatte einfach weggeschaut.

In der dritten Woche im Tanzlokal war der Inhaber plötzlich nicht mehr so nett zu ihr gewesen. Sie sollte für ihr Quartier zahlen und für die kleine Kammer über dem Lokal, die sie mit den Herren aufsuchte, um mit ihnen allein zu sein. Einige Monate hatte sie das getan und es war ihr nicht schlecht dabei gegangen. Nach wie vor hatte sie ausreichend für sich und ihre Familie daheim zusammenbringen können, wobei sie selbst keine großen Sprünge machen konnte, aber das war bei den anderen Mädchen aus dem Lokal nicht anders. Ihre Familie hatte natürlich nicht gewusst, wie sie ihr Geld verdiente und gedacht, sie sei noch immer als Dienstmädchen tätig, was an ihren Briefen in die Heimat gelegen hatte. In ihnen hatte sie beschrieben, wie gut sie es bei ihrer Herrschaft hatte und manches Mal beim Schreiben hatte sie sich dabei erwischt, wie sie ins Träumen geriet. Solche Briefe schrieb sie schon lange nicht mehr, weil sie sich das Träumen einfach nicht mehr erlaubte. Angefangen hatte es mit den Magenschmerzen. Auch war ihr häufig übel gewesen und sie hatte sich vor allem nach dem Aufwachen zittrig und schwach gefühlt. Wenn sie sich irgendwo gestoßen oder ein Freier sie etwas zu grob angepackt hatte, hatte sie sofort einen blauen Fleck bekommen. Bald darauf hatten die Stimmungsschwankungen angefangen, die sie zunächst auf ihren neuerdings schlechten Schlaf zurückgeführt hatte. Sie war oft reizbar gewesen, dabei aber auch verletzlich und voller Traurigkeit über sich selbst und ihr gesamtes Leben. Wenn sie jedoch Alkohol getrunken hatte, wurde alles besser. Er hatte ihr geholfen, die Welt zu ertragen, war ihr Mutmacher und ihre Einschlafhilfe. So trank sie bald nicht mehr nur am Abend mit den Herren im Tanzlokal, sondern auch am Tage, wenn sie nicht gerade schlief, was mit genug Promille im Blut wieder problemlos ging. Inzwischen brauchte sie den Alkohol wie andere ihr täglich Brot. Obwohl sie schon zu Beginn nicht zum teuersten gegriffen hatte, war nach der Quartier- und der Stundenzimmermiete bald kein Geld mehr für andere Dinge übrig geblieben, außer für ihren Fusel. Sogar das Geld, das sie sonst nach Hause gesendet hatte, ging mittlerweile dafür drauf. So schrieb sie keine Briefe mehr und begrub damit endgültig ihre Träume.

Um keinen Pfennig mehr abgeben zu müssen, hatte sie das Tanzlokal verlassen und sich die Dachkammer gesucht, in der sie heute noch hauste. Sie hatte nur noch auf eigene Rechnung arbeiten wollen, allerdings hatte sie nicht damit gerechnet, auf der Straße meist nur mit dem Abschaum zu tun zu haben. Waren die Männer im Lokal noch einigermaßen gepflegt, sauber und vor allem in der Regel spendabel gewesen, waren die, die sie auf der Straße aufgabelte, das genaue Gegenteil. Die meisten zahlten, wenn überhaupt, nur wenig, hatten sich seit Monaten nicht gründlich gewaschen, sodass sie ihr immer mal wieder Filzläuse, Krätze oder anderes Ungeziefer bescherten, gaben sich dafür jedoch mit dunklen Ecken für ihre Liebesdienste zufrieden und verlangten selten ein Zimmer. Dadurch konnte sie in einer einzigen Nacht mehr Männer bedienen, da sie nicht erst großartig Zeit mit Werben vergeuden musste und zudem umging sie es auf diese Weise, sich als Hure bei den Behörden erfassen zu lassen und in ihrem Tun kontrolliert zu werden – Dirnen war es nicht erlaubt, sich frei zu bewegen und sie mussten sich der Aufsicht eines Bordellwirtes unterstellen, so, wie sie es zuvor getan hatte, und jetzt nicht mehr wollte. Deswegen musste sie enorm achtgeben, nicht in die Fänge der Udels zu geraten. Problematisch empfand sie außerdem die Tatsache, dass sie niemanden mehr hatte, der auf sie aufpasste. Im Tanzlokal hatte stets jemand ein Auge auf die Mädchen gehabt. Ein Mann war in der Regel eigens dafür abgestellt worden, genauso wie die Hauswirtschafter, die oben bei den Zimmern aufpassten und darüber hinaus dafür sorgten, dass die Mädchen und ihr jeweiliger Gast alles hatten, was sie benötigten. Wenn also einmal ein Gast unangenehm geworden war, dann waren die sonst im Schatten des Etablissements stehenden Männer eingeschritten und hatten ihn wieder zur Vernunft gebracht oder an die frische Luft gesetzt. Diesen Luxus hatte Fräulein Fuß draußen auf der Straße nicht mehr. Das führte manches Mal zu bedrohlichen Situationen und nur der Zusammenschluss der Straßendirnen, die solche Männer gemeinsam verscheuchten, schützte sie. Sie hatte Furcht davor, irgendwann einmal an einen Mann zu geraten, der ihr etwas antun würde – sei es im Rausch der Lust oder aus einem mörderischen Trieb heraus. Sie kannte die Geschichten von Jack the Ripper, dem Mörder, der in London Ende der 1880er Prostituierte wie sie brutal getötet hatte. Dennoch lehnte sie jeden Schutz, der ihr von dem ein oder anderen Bekannten hin und wieder angetragen wurde, ab. Mittlerweile konnte sie es sich absolut nicht mehr erlauben, auch nur eine Münze von ihrem Verdienst abzugeben. Sie brauchte all ihr Geld für den Alkohol, um den sich inzwischen nahezu ausschließlich ihr Denken drehte. Der Alkohol war auch der Grund, weswegen sie die wenigen Kontakte, die sie zu anderen Menschen hier in Hamburg je gehabt hatte, immer mehr vernachlässigte. Nur eine Handvoll Leute war bis heute übrig geblieben und diejenige, die ihr von diesen die Liebste war, war nun ebenfalls weg. Eben gerade hatte sie ihre Freundin Paula Berkefeld zu dem Schiff begleitet, das diese nach England bringen würde. Weit fort von ihr, weit fort von allem hier, besonders von Paulas Mutter, der alten Wiese. Wie Paula es so lange bei der hatte aushalten können, verstand Fräulein Fuß sowieso nicht. Sie hatte Paula erst vor ein paar Monaten richtig kennengelernt. Vorher waren sie sich nur vom Sehen bekannt. Sie waren sich öfter einmal begegnet, wie das eben ist, wenn man im selben Viertel lebt. Paulas Mutter hingegen kannte Fräulein Fuß schon länger etwas näher. Sie waren sich ein paarmal morgens auf dem Fischmarkt über den Weg gelaufen. Elisabeth Wiese hatte dort eingekauft und sie ihre Arbeit beendet. Eines Morgens hatten sie beide zufällig, und die Male danach dann bewusst, bei Eier-Cohrs zusammengesessen. Gemeinsam mit Nachtschattengewächsen, Arbeitern und anderen, die sich vor ihrem Tagewerk noch stärken wollten oder wie Fräulein Fuß einen Absacker nahmen, hatten sie sich den über St. Paulis Grenzen hinaus bekannten Eiergrog in der Eckkneipe genehmigt. Besonders angenehm war ihr die Wiese schon damals nicht gewesen, dennoch hatte sie sich mit ihr abgegeben. Warum, konnte sie sich nicht genau erklären. Vielleicht, weil sie wusste, dass die Wiese Hebamme war und einigen anderen Huren bereits geholfen hatte, eine Schwangerschaft erfolgreich zu unterbrechen. Sie selbst hatte das bisher noch nicht vornehmen lassen müssen, aber ihr gefiel der Gedanke, für den Notfall nicht lange herumfragen zu brauchen, sondern jemanden persönlich zu kennen. Ganz gleich, wie sympathisch oder nicht diejenige war, Hauptsache, sie machte im Fall der Fälle ihre Arbeit gut. Zweimal waren sie sogar nach dem Kneipenbesuch noch zusammen am Wasser entlanggeschlendert. Ihr war es so vorgekommen, als hätte die Wiese sie ganz gezielt gebeten, mit ihr noch ein paar Schritte zu gehen, damit es wie ein Spaziergang aussah. Für sie selbst war es das auch gewesen, doch Elisabeth Wiese schien mehr die Gegend zu erkunden. Immer wieder hatte sie in dunkle Ecken hineingespäht und von der Hafenkante in die Elbe hinuntergeblickt, so als suche sie einen guten Platz, um etwas unentdeckt loszuwerden. Fräulein Fuß hatte nach einigem Grübeln angenommen, dass die Wiese sich nach einer nicht einsehbaren Stelle umgeschaut hatte, von der aus sie größere Mengen Unrat in die Elbe schmeißen konnte. So einige Bewohner St. Paulis taten das und es kümmerte das Fräulein nicht.

Paula selbst war nie mit Elisabeth Wiese zusammen

bei Eier-Cohrs gewesen und sie hatte die Tochter der Wiese auf andere Weise kennengelernt. Es war an einem Abend gewesen. Sie war gerade zur Arbeit auf der Straße aufgebrochen. Das Pflaster der engen Gasse im Gängeviertel, wo sie wohnte, war aufgerissen und mit tiefen Löchern versehen – vor allem im Dunkeln waren das gefährliche Stolperfallen. Es gab kaum Laternen und wenn doch vereinzelt eine an einer Ecke stand, war sie meist kaputt geschlagen. Normalerweise achtete sie auf die Stellen, doch sie hatte an diesem Abend bereits einiges intus gehabt. Zudem hatte es geregnet und sie war eilig über das Pflaster gesprungen, um nicht allzu nass zu werden. Sie hatte gewusst: Wenn sie erst an ihrem Stammplatz, einem Hauseingang unten am Fischmarkt auf dem Straßenstrich, angelangt war, wäre sie einigermaßen vor dem Wetter geschützt. Sie hatte sich trotz des Bindfadenregens nach draußen aufgemacht. Sie benötigte das Geld und war sich sicher, ein paar Freier abgreifen zu können, die wie immer aus den umliegenden Kneipen torkeln würden. Manche zum Pissen und manche auf ihrem Weg in die nächste Kneipe oder nach Hause, wobei der Ein oder Andere wie üblich nichts gegen einen schnellen und günstigen Abstecher, wie sie es unter den Bordsteinschwalben hier nannten, haben würde. Das hatte sie gedacht, doch dann war sie in ihrer Übereiltheit in einem der Straßenlöcher gestrauchelt und umgeknickt. Während die wenigen, die sonst noch hier unterwegs waren, sie kaum beachtet hatten, war ihr eine junge Frau zu Hilfe gekommen, hatte sie unter dem Arm gepackt und ihr aufgeholfen. Sie hatte Paula gleich erkannt und Paula hatte ihr mit ihren hübschen Grübchen im Gesicht freundlich zugelächelt, nachdem sie sich gegenüberstanden. Durchnässt wie sie beide inzwischen waren, hatte Paula sie weiter unter dem Arm gestützt und sie bis an die nächste Ecke begleitet. Dabei waren sie ins Gespräch gekommen und sie hatte schnell erfasst, dass Paula so ganz anders war als ihre Mutter. Aus Dankbarkeit für deren Nettigkeit hatte Fräulein Fuß im Geist schnell die Pfennige in ihrer Tasche überschlagen, um Paula daraufhin kurzentschlossen auf einen Grog in der nächsten Kneipe einzuladen. Paula hatte sie mit ihrem Grübchenlächeln angestrahlt und angenommen.

Fräulein Fuß war zwar etwas älter als die junge Frau, aber sie waren sich auf Anhieb sympathisch gewesen und kamen in ihrem Gespräch schnell vom Hundertstel ins Tausendstel. Bereits bei diesem ersten Zusammensitzen wunderte Fräulein Fuß sich nicht nur darüber, dass Elisabeth Wiese eine Tochter hatte, die deren genaues Gegenteil zu sein schien, sondern vor allem, dass Paula nicht so kaputt war wie sie und andere Frauen, die sie kannte. Gut, Paula Berkefeld war noch ein paar Jahre jünger, doch das war es nicht. Paula war bei all ihrer zerbrechlich wirkenden Erscheinung, ihrer Liebenswürdigkeit und irgendwie verschreckten Art, die an ein Reh erinnerte, stark. Paula würde niemals so sehr im Leben straucheln, wie sie. Vielleicht lag es daran, dass sie hier auf St. Pauli mehr oder minder groß geworden war, überlegte Fräulein Fuß immer mal wieder, wenn ihr diese Eigenschaft von Paula, so wie auch in den letzten Tagen, besonders auffiel. Paula Berkefeld war eben ein echtes Kiezkind. Sie hatte von klein auf gelernt, nur bestehen zu können, wenn sie stärker war als die anderen und sich nicht unterkriegen ließ. Dabei musste es nicht unbedingt körperliche Stärke sein. Innere war hier in dieser Welt noch wertvoller. Und damit meinte Fräulein Fuß viel mehr, als die Tatsache, dass Paula es bei einem Glas Grog belassen konnte, während sie sich stets noch einen zweiten bestellte. So war es auch an ihrem Kennenlerntag gewesen. Paula hatte bei einem Grog Stopp gemacht, während sie bereits den dritten angeschrieben und ihre Kehle hatte runterrieseln lassen. Sie hätte sich noch einen Vierten genehmigt, doch Paula hatte gehen müssen und sie war an ihren Platz unter dem Hauseingang gehumpelt, wobei sie sich leerer als sonst fühlte. Sie hatte Paula bereits vermisst. Elisabeth Wieses Tochter hatte ihr geholfen, sich um sie gekümmert und vor allem so genommen, wie sie inzwischen war. Schon allein dafür fühlte sie sich mit ihr verbunden.

Zu ihrer Freude trafen sie sich in der darauffolgenden Zeit regelmäßig – auch Paula suchte den Kontakt zu ihr, was sie sich bis heute nicht erklären konnte und gar nicht erst probierte – bis sie sich bald bemühten, sich nahezu täglich zu sehen. Um Elisabeth Wiese machte Fräulein Fuß seitdem einen großen Bogen und Paula traf sie meistens dann, wenn diese für ihre Mutter irgendwelche Besorgungen machen oder Anzeigen aufgeben musste, da Elisabeth Wiese ihrer Tochter kaum Freizeit gönnte. Fräulein Fuß wusste bis heute nicht, was schlimmer war: die eigene Mutter als Kupplerin oder

der Alkohol, der sie dazu antrieb, ihren Körper zu verkaufen. Der Alkohol schlug sie wenigstens nicht grün und blau, wenn sie einmal nicht spurte.

Fräulein Fuß setzte sich im Bett auf und griff nach der vollen Flasche, die daneben stand. Paula hatte sie ihr zum Abschied geschenkt. Die Flasche war ihr höchst willkommen gewesen, da sie keinen Pfennig mehr auf Tasche hatte, geschweige denn Alkohol. Sie hatte alles in der Nacht zuvor versoffen, als sie schlotternd vor Kälte in ihrem Hauseingang auf Kundschaft gewartet hatte. Doch bei dem unwirtlichen Wetter waren sogar die Matrosen ausgeblieben. Jetzt öffnete sie die Flasche, setzte sie an die Lippen und nahm einen kräftigen Schluck. Der Korn rann ihre Kehle hinunter und breitete sich in ihrem Körper aus. Gleich wurde ihr wärmer. Mit einem zufriedenen Seufzer stellte sie die Flasche auf den Boden zurück und ließ sich wieder zurücksinken. Sie schloss ihre Augen und keine Sekunde später war sie eingeschlafen. Erst ein hartes Klopfen gegen ihre Dachkammertür holte sie wieder in die Gegenwart. War das etwa ihr Vermieter? Aber sie hatte doch die Miete für diese Woche bereits gezahlt. Das war nicht immer so und dann forderte ihr Vermieter sein Geld auf andere Weise von ihr ein. Er war ein kleiner perverser Greis und Fräulein Fuß bediente ihn nur ungern, da es bei ihm immer seine Zeit brauchte und ihr Handanlegen auch manches Mal nicht von Erfolg gekrönt war, woraufhin er ihr stets mit einem Rauswurf drohte. Da bezahlte sie ihn lieber mit barer Münze. Es klopfte ein weiteres Mal an der Tür und Fräulein Fuß verzog unwillig ihren Mundwinkel. Sie hatte keine Lust aufzustehen und schon gar nicht für ihren ollen Vermieter und wer sonst sollte sie hier aufsuchen? Kaum einer wusste von ihrem Quartier. Im Grunde nur Paula und die war es sicher nicht. Schließlich hatte sie selbst gesehen, wie die Freundin heute Morgen auf das Schiff gegangen war. Jetzt klopfte es schon wieder und dann rüttelte jemand an der Tür, die sie vorhin verriegelt hatte. Sie wühlte sich widerwillig aus ihrer Decke und murmelte noch immer vom Korn benebelt: »Ja, ja, ich komm ja schon. Was is 'n so Dringendes?«

»Ich bin's und nu mach endlich die Tür auf«, hörte sie es von draußen rufen. Fräulein Fuß erschrak in ihrem Duhn. Sie kannte die kratzige Stimme und ärgerte sich über sich selbst, dass sie überhaupt etwas gesagt hatte. Besser wäre es gewesen, sie hätte so getan, als sei sie nicht da. Sie konnte sich vorstellen, was die Frau hinter der Tür von ihr wollte, aber sie hatte ein Versprechen gegeben. Woher wusste die Alte überhaupt, wo sie wohnte? War sie Paula einmal gefolgt? Hatte sie die ganze Zeit mehr gewusst, als die Freundinnen geahnt hatten? Fräulein Fuß schauderte bei dem Gedanken. Dennoch schlurfte sie dem Rufen entgegen, schob den Riegel beiseite und schon wurde die Tür von außen aufgestoßen.

»Wo ist sie? Hat sie sich bei dir verkrochen?«, fragte Elisabeth Wiese drohend, während sie in die Kammer marschierte und sich umsah. Obwohl Elisabeth Wiese nur durchschnittlich groß war und nicht übermäßig kräftig aussah, flößte sie Fräulein Fuß Furcht ein. Ob es daran lag, dass sie selbst ausgezehrt war und sich seit

Monaten überaus schlapp fühlte? Nein, wenn es darauf ankäme, würde sie sich schon gegen die Frau wehren können. Im schlimmsten Fall würde sie ihr Messer zücken, das sie stets bei sich führte, falls ihr einmal ein Freier komisch kommen würde. Es waren auch nicht die Geschichten, die Paula ihr über die alte Wiese erzählt hatte. Es war etwas anderes. Es war Elisabeth Wiese selbst. Sie strahlte eine Kälte aus, die das Fräulein von sonst niemandem kannte. Und eine Unnachgiebigkeit, die selbst die härtesten Jungs aus den Bordellen in der Heinrichstraße kaum an den Tag legten. Damals, wenn sie die Wiese bei Eier-Cohrs getroffen hatte oder noch ein paar Schritte im Hafen mit ihr gegangen war, war ihr das egal gewesen und sie hatte das ungute Gefühl der Frau gegenüber nicht weiter hinterfragt. Sie hatte mit Elisabeth Wiese getrunken und es waren immer irgendwie Leute um sie beide herum gewesen. Jetzt, hier in ihrer kleinen Dachkammer, war es anders. Sie waren beide allein mit sich. Das Gefühl der Beklommenheit nahm in Fräulein Fuß zu. Ihr fehlt das Menschliche, dachte sie jetzt, während sie Paulas Mutter dabei zusah, wie diese erst unter das Bett spähte, danach den Deckel der Kleidertruhe hochhob und sich nicht zu schade war, die wenigen Kleidungsstücke mit den Händen zu durchwühlen. Fräulein Fuß schreckte zusammen als Elisabeth Wiese den Truhendeckel einfach losließ und dieser mit einem lauten Knall zuschlug. Ihr Hut war bereits beim Öffnen der Truhe auf den Boden gefallen, aber sie schenkte ihm keine Aufmerksamkeit.

Mehr Versteckmöglichkeiten gab es in der kleinen

Dachkammer nicht. Das war offensichtlich auch Elisabeth Wiese klar, die nun auf sie zutrat, sodass sie sich Auge in Auge gegenüberstanden. Die ältere Frau war so nah herangekommen, dass Fräulein Fuß deren schlechten Atem riechen konnte. Unwillkürlich stieg Übelkeit in ihr hoch. Sie unterdrückte das Würgen und wandte sich ab. Auf diese Weise entkam sie gleichzeitig dem stechenden Blick der Wiese.

»Wo ist sie? Wo ist Paula?«, fragte die Frau bedrohlich.

»Ich ... ich weiß es nicht. Das kannst du mir glauben, wirklich«, sagte sie stockend, besann sich aber dann auf die Worte einer älteren Hure, die ihr einmal gesagt hatte, dass Dreistigkeit siegen würde und setzte in kräftigerem Ton hinzu: »Ich bin ja schließlich nicht ihr Kindermädchen.«

»Ich weiß, dass du es weißt und wenn du es mir nicht sagst, erzähle ich mal ein bisschen von deinen ganzen Krankheiten herum. Was meinst du, wie das den Freiern gefallen wird?«, erwiderte Elisabeth Wiese boshaft.

Das Fräulein erschrak bei der bloßen Vorstellung, was das für ihre Einkünfte bedeuten könnte. »Aber ich bin nicht krank!«, rief sie deswegen aus, obwohl sie wusste, wie naiv das gegenüber der Wiese war.

»Na und? Wissen das deine Freier? Die müssen dich nur mal im Hellen angucken und dann glauben die an jede Krankheit, die du ihnen anhängen könntest«, lachte die Wiese hämisch auf. Dabei fiel die Sonne, die durch das winzige Dachlukenfenster die Kammer halbwegs beleuchtete, so auf deren Profil mit der großen Hakennase und dem kleinen Haarknoten, dass der Schatten an der schrägen Wand aussah wie der eines riesigen Aasgeiers. Fräulein Fuß gruselte es bei diesem Anblick. Wahrscheinlich zeigt ihr Schatten ihren wahren Charakter, dachte sie bei sich und drückte die Lippen fest aufeinander, ohne dass sie sich von dem Anblick lösen konnte. Er zog sie einfach in seinen Bann, wie die Schlange den Hasen.

»Und«, bedrängte die Wiese sie weiter und stellte sich nun so auf, dass ihr Schatten an eine Hexe erinnerte, »sagst du mir jetzt, wo sich meine missratene Tochter herumtreibt? Und komme mir nicht wieder damit, dass du es nicht weißt, du kleine Schlampe. Also?«

In ihrem Kopf ratterte es. Sie hatte hier einiges zu verlieren, wenn sie nichts sagen würde und Paula würde es nicht mehr schaden. Die war längst auf dem Wasser und schipperte ihrem Glück entgegen: »Sie ist weg. Weg von dir. Ganz weit weg.«

»Was heißt das?«, wollte Elisabeth Wiese mit kratziger Stimme wissen.

»Sie ist auf einem Schiff in Richtung London«, erwiderte Fräulein Fuß und fühlte Genugtuung in sich aufsteigen, als das Gesicht der Frau ihr gegenüber jetzt einen verdutzten Ausdruck annahm.

»Nach London«, wiederholte Elisabeth Wiese, doch es war keine Nachfrage, als vielmehr eine Feststellung. Dann konzentrierte sie sich wieder auf das Fräulein und fragte: »Wann?«

»Heute Morgen. Der Dampfer hat wegen der Flut in aller Herrgottsfrühe abgelegt«, antwortete sie und setzte sich auf ihr Bett, um sich die Decke zu nehmen und sie sich umzuschlagen. Ihr war kalt und sie hoffte, dass die Frau ihre Kammer jetzt wieder verlassen würde – schließlich hatte Elisabeth Wiese die Information, nach der sie verlangt hatte. Sie wollte unbedingt einen Schluck aus der Flasche nehmen, sich dann in ihr Bett kuscheln und noch ein wenig schlafen, bevor sie sich wieder auf die Straße stellen und jedem Mann, der an ihr vorbeiging ein »Hey Süßer, bleib doch mal stehen« zuraunte. Heute würde sie nicht erst am Abend anschaffen gehen, sondern bereits am Nachmittag anfangen, wenn es zu dämmern begann. Das war das einzig Gute am Winter. Es wurde früh dunkel, was auch die Freier früher herauslockte, da die Dunkelheit ihnen mehr Anonymität schenkte, als ein tief in die Stirn gezogener Hut.

Noch machte Elisabeth Wiese keine Anstalten, die Kammer in dem windschiefen Haus, das von der Straße her so aussah, als stürze es gleich ein, wenn es nicht von den umliegenden gehalten würde, wieder zu verlassen. Unruhe stieg in ihr auf und sie schielte zu ihrer Flasche hinüber. Vor Elisabeth Wiese wollte sie nicht trinken. Warum ging die Frau bloß nicht.

»Wie kann sie mir das antun, nach all dem, was ich für sie getan habe?«, fragte Elisabeth Wiese zornentbrannt in den kleinen Raum hinein. »Ich war immer für sie da. Hab immer gut für sie gesorgt. Da kann man doch ein bisschen Dankbarkeit erwarten. Wenigstens ein bisschen! Wenn sie nicht gewesen wäre, was hätte ich dann für ein Leben geführt? Sie ist an allem schuld. Sie ganz allein. Ich hätte alles haben können, stattdessen habe ich ein Balg, was nur an sich denkt!«

Fräulein Fuß blieb auf ihrem Bett sitzen und sagte

nichts. Ihr fiel nichts dazu ein. Stattdessen schaute sie der Frau, die sich da gerade selbst unendlich leidtat, in die Augen und verzog ihren Mund zu einem leichten Lächeln, um auf diese Weise Mitgefühl zu zeigen, das sie nicht hatte. Während sie sich noch fragte, ob die Wiese es ernst meinte, was sie da gerade gesagt hatte, trat die Frau auf sie zu. Sie musste an den Schatten der Hexe denken, den diese eben noch an die Wand geschmissen hatte, und an deren Brutalität, von der Paula ihr berichtet hatte. Das Herz der Prostituierten begann wieder schneller und ängstlich bis in den Hals hinauf zu klopfen, sodass sie glaubte, Elisabeth Wiese würde es sehen können. Sie begann zu schwitzen. Erneut kam ihr der Korn in den Sinn. Ein kleiner Schluck würde sie beruhigen.

»Was willst du denn noch von mir?«, fragte Fräulein Fuß nun und hörte selbst die Verzweiflung in ihrer Stimme, wobei sie nicht genau wusste, ob sie der Furcht vor der Frau oder ihrer Gier nach dem Alkohol entsprungen war.

»Du warst es! Du hast es meiner Paula eingeredet! Sie wäre niemals von allein darauf gekommen, mich sitzenzulassen. Gib es zu!«, zischte die Wiese sie an, wobei ein kleiner Tropfen Speichel aus dem Mund der Frau auf ihrer Wange landete. Sie getraute sich nicht, ihn wegzuwischen, obwohl sie das Gefühl hatte, die Spucke hätte sich wie ein Ätzmittel sofort in ihre Haut hineingebrannt.

»Nein, nein, das habe ich nicht, echt Elisabeth, du irrst dich, ich …«, brachte sie gerade noch heraus, bevor sie von Paulas Mutter unterbrochen wurde: »Sag mir, wo sie in London ist und bei wem. Paula ist viel zu ängstlich um auf gut Glück und allein dorthin zu fahren. Hat sie etwa einen ihrer Kunden dazu überredet? Also?«

»Nein. Sie hat auf ein Inserat geantwortet. Ein Deutscher hat anscheinend ein deutsches Dienstmädchen gesucht«, antwortete Fräulein Fuß.

»Und weiter? Wie heißt der Deutsche? Wie ist die Adresse? Los, sag schon!«, forderte Elisabeth Wiese.

»Mehr weiß ich nicht, ehrlich«, erwiderte sie fast den Tränen nahe und ihre Augen huschten kurz zu der Flasche Korn. Die Wiese war ihrem Blick gefolgt. Hämisch grinsend trat sie einen Schritt zur Seite, nahm die Flasche und begutachtete sie ausführlich. Dann schaute die Frau ihr direkt in die Augen, öffnete den Korn gemächlich und begann, ihn langsam auszukippen. Fräulein Fuß sah ihr die ersten Sekunden ungläubig zu, dann sprang sie blitzartig vom Bett auf. Sie wollte Elisabeth Wiese die Flasche entwenden, doch die drehte sich einfach weg und kippte deren Inhalt weiter in aller Ruhe auf die Dielen.

»Bitte, hör auf. Bitte! Ich schwöre, dass ich alles gesagt habe, was ich weiß. Ich habe wirklich keine Adresse von ihr in London und weiß auch nicht, wie ihre Herrschaft dort heißt, aber … aber sie will mir schreiben, sobald sie angekommen ist. Sie wird bestimmt ihre Adresse angeben und dann … dann sag ich sie dir sofort. Bitte, gib mir die Flasche …«, bettelte das Fräulein, deren Herz sich bei dem Anblick der sich immer mehr leerenden Flasche verkrampfte.

»Du bist genauso verdorben, wie Paula. Nein, du bist schlimmer! Und eines rate ich dir: Halte dein Wort, sonst kannst du was erleben!«, blaffte Elisabeth Wiese verächtlich, drückte ihr die Kornflasche in die Hand und stampfte aus der Dachkammer.

Kaum hatte sich die Tür hinter Paulas Mutter geschlossen, setzte Fräulein Fuß den Korn an. Es kamen lediglich ein paar Tropfen heraus. Voll Enttäuschung schmiss sie die Flasche in die Ecke, die vom harten Aufprall sofort in Scherben ging. Dann stierte sie auf den Boden, wo Elisabeth Wiese den Alkohol ausgekippt hatte – die Dielen hatten ihn bereits aufgesogen. Zitternd warf Fräulein Fuß sich ihren Mantel über, zog sich ihre Stiefel an und verließ weniger als fünf Minuten nach Paulas Mutter ihre Kammer. Heute würde sie sich schon am helllichten Tage verkaufen.

*

Heinrich Wiese krümmte sich vor Schmerz. Er saß auf dem Lokus und war einmal mehr froh darüber, dass der auf halber Treppe war und nicht unten im Hinterhof. Denn dieses Mal hätte er es garantiert nicht hinaus geschafft. Er hatte schon Schwierigkeiten gehabt, bis hierhin an sich zu halten. Ansonsten war es im ganzen Haus in der Wilhelminenstraße still, was kein Wunder war, da es mitten in der Nacht war und seine Bewohner noch schliefen. Bis auf Heinrich. Sein Darm spielte schon länger verrückt. Im Grunde schon seit Jahren. Doch es war immer einigermaßen auszuhalten gewesen, vor allem, weil die Abstände zwischen den »Mätzchen«, wie Heinrich es gern für sich im Stillen nannte, relativ groß gewesen waren. Noch bis vor einiger Zeit hatte es nur alle drei bis vier Monate ordentlich gezwickt, war aber schnell wieder vorbei gewesen. Er hatte das dann immer auf den Alkohol geschoben und später in der Kneipe lachend seine Abwesenheit für einen oder manches Mal zwei Tage mit den Worten erklärt: »Im Übermaß ist eben jede Medizin, selbst die beste, schädlich.«

Tatsächlich war Alkohol für ihn ein Allheilmittel. Spürte er eine Erkältung in sich aufsteigen, griff er gern zu einem oder mehreren schön heißen Grogs oder einem warmen Krug Petum, dem Gebräu aus heißem Braunbier, Rum, Ingwer, Zimt, Nelken und Zucker, das schon seine Mutter seinem Vater vor allem im Winter allabendlich aufgetischt hatte und später dann auch ihm. Sein Vater hatte damit einen kratzenden Hals oder eine laufende Nase weggetrunken und in dieser Hinsicht trat Heinrich bereitwillig in die Fußstapfen seines Alten. Immer wieder genoss er damals wie heute den schönen, schläfrig machenden Rausch. Vor dem Essen genehmigte Heinrich sich gern einen ordentlich eingeschenkten Wermut. Und wenn er sich den nicht leisten konnte, tat es auch ein Gin oder ein günstiger Kräuterschnaps, Hauptsache das Ganze schmeckte bitter, denn Heinrich hatte irgendwann in seiner Kneipenlaufbahn festgestellt, dass solch ein Gesöff seinen Appetit anregte, der sonst nicht recht in Schwung kam. Doch vor allem tat Alkohol Heinrich für sein allgemeines Wohlbefinden gut. Wenn er ihn trank, löste sich seine Zunge wie von selbst vom Gaumen und er konnte sich ungezwungen mit anderen Menschen unterhalten. Auch vergaß er dann, dass er nur ein einfacher Kesselflicker war und damit zu einem Berufsstand gehörte, der nicht unbedingt im besten Ruf stand. Gut, hier auf St. Pauli war das nicht so. Hier trieb sich so viel Gesocks herum, dass es schon als ehrbar galt, wenn man sein Geld auf einigermaßen legale Weise verdiente – ob nun als Kesselflicker oder wie seine Stieftochter Paula als Dirne. Dass Paula für Geld die Beine breitgemacht hatte, war der Verdienst seiner Frau Elisabeth gewesen. Und das im wahrsten Sinne des Wortes. Elisabeth hatte alles Geld von den Freiern eingestrichen. Obwohl, wirklich alles konnte es nicht gewesen sein, lachte Heinrich Wiese trotz seiner Schmerzen in sich hinein. Allem Anschein nach hatte Paula ihrer Mutter ein ordentliches Schnippchen geschlagen und sich schön was bei Seite gelegt. Und jetzt war sie weg. Irgendwo in der Nähe von London, in einer Vorstadt wie St. Pauli. Paddington, ach nein, das war ja der Bahnhof. Feddington, ja, so hieß das englische Kaff wohl, wo Paula nun in Stellung war. Vielleicht auch Teddington. Genau wusste er das nicht. Sie hatte es Fräulein Fuß geschrieben und die hatte es Elisabeth gesagt, doch das war erst einige Zeit nach Paulas Verschwinden gewesen. Wieder musste er in sich hineinkichern. Elisabeth war rasend vor Wut gewesen, als sie bemerkt hatte, dass Paula abgehauen war. Elisabeth! Sie vergaß er am allerliebsten durch den Alkohol. Insgesamt betrachtet, machte der Alkohol sein Leben für ein paar Stunden auf wundersame Weise schön oder zumindest erträglich. Wenn das hier jetzt allerdings vom Alkohol kam, dann würde er diesen nie wieder anrühren. Wobei er nicht glaubte, dass der Alkohol schuld an seinen Qualen war, die wie jetzt gerade wieder, wellenartig in ihm hoch und nieder schwappten. Und obwohl er auf dem Lokus saß und sich nicht bewegte, wurde ihm schwindelig. Schwindelig vor Schmerz. So verdammt heftig hatte er es bisher noch nie erlebt. Als der Schmerz wieder nachließ, dachte er daran, dass er bereits vor gut einem Jahr schon einmal den Arzt aufgesucht hatte, wenngleich die Not nicht so arg wie heute gewesen war – er hatte keinen Pfennig für die Untersuchung gezahlt, sondern als Gegenleistung der Arztgattin einige Töpfe geflickt. Der Arzt hatte nichts gefunden. Noch nicht einmal Heinrichs Leber war vergrößert gewesen. Dieses Mal würde er nicht zum Doktor laufen, obwohl die schmerzenden Krämpfe jetzt nicht nur alle paar Monate einmal auftauchten, sondern in wöchentlichen Abständen, und mit jedem Mal waren sie schlimmer geworden. Ob das heute schon der Schmerzhöhepunkt war? Heftiger als jetzt konnte er sie sich nicht vorstellen.

Schon neulich hatte er überlegt, dass die Häufigkeit seines Leidens zugenommen hatte, seit Paula nicht mehr da war. Und er hatte auch einen Verdacht, wieso das so war. Nein, es war sogar mehr als ein Verdacht, er hatte nur keinen Beweis, aber deswegen würde ein Arztbesuch sowieso nichts bringen. Er war sich nahezu sicher, dass seine Frau dahintersteckte, dieses teuflische Weibsstück, das er niemals hätte heiraten dürfen. Neulich, in der Kneipe, hatte er gemeinsam mit einem Bekannten gebechert und dann hatte der ihn plötzlich gefragt, wie er es eigentlich mit Elisabeth aushalte. Heinrich hatte mit den Schultern gezuckt, auf sein Glas gedeutet, es erhoben und in einem Zug leer getrunken. »So«, hatte er geantwortet, bevor er das Glas auf den Tisch zurückknallte und eine weitere Runde brüllend durch den Raum bestellte. Sein Tischnachbar war ernst geblieben und hatte gemeint: »Also ich würde meine Alte zum Teufel schicken, wenn sie sowas erzählen würde, wie deine.«

»Was erzählt sie denn?«, fragte Heinrich und hatte selbst bemerkt, wie schwer seine Zunge mal wieder vom Alkohol geworden war. Darum hatte er prompt den Mund wieder geschlossen. Er war eh kein Mann großer Worte.

»Deine Schachtel hat meiner erzählt, dass du nicht bei bester Gesundheit bist. Ist ja auch kein Wunder, so wie du säufst. Und dann hat sie außerdem gesagt, wenn sie den Witwenschleier anlegen müsste würdest du ihr wenigstens ordentlich was hinterlassen und das kleine Vermögen würde sie bestimmt über deinen Verlust hinwegtrösten. Genau das hat sie gesagt, hat meine Alte gemeint. Und Elisabeth soll dabei noch fiese gelacht haben. Wie das Weib des Satans muss sie dabei ausgesehen haben. Echt Heinrich, an deiner Stelle würde ich der mal heftig die Leviten lesen.«

Er hatte nichts dazu gesagt, wieder nur die Schultern gezuckt und das volle Schnapsglas, das die Tochter vom

Wirt bereits gebracht hatte, in sein Holsten fallen lassen. Nachdem er eine kleine Weile dem Schnapsglas hinterhergeguckt hatte, hatte er den Bierhumpen aufgenommen und das Getränk ohne einmal abzusetzen hinuntergekippt. Dann war er aus der Kneipe geschwankt, um Elisabeth zur Rede zu stellen. Zu seiner Enttäuschung war sie nicht da gewesen und er hatte sich aufs Bett fallen lassen, wo er auf der Stelle eingeschlafen war. In der Folge hatte er ihr gegenüber mit keinem Wort das Gespräch mit seinem Saufkumpan erwähnt. Aber er war ab diesem Moment auf der Hut und Elisabeth gegenüber noch misstrauischer als zuvor gewesen. Scheinbar nicht genug, wie er jetzt hier auf dem Klosett dachte und sich erneut krümmte. Als der Krampf vorbei war, fragte er sich ein weiteres Mal, warum er sie überhaupt geheiratet hatte. Die Antwort war einfach: Damals hatte er gedacht, sie sei fleißig. Außerdem hatte sie in jungen Jahren einigermaßen passabel ausgesehen und sich vor allem gut darauf verstanden, seine Lust zu befriedigen. Inzwischen wusste er, dass sie ihn genommen hatte, weil kein anderer sie mit einem kleinen Kind gewollt hatte und sie zudem hinter seinem Geld her gewesen war. Stimmt nicht, berichtigte Heinrich Wiese sich, immer noch her ist. Gerade jetzt, wo Paula nicht mehr da ist und ihr die Kröten verdient.

Kurz nachdem Paula sich vom Acker gemacht hatte, war Elisabeth seit Langem mal wieder nett zu ihm gewesen und hatte ihn sogar an sich herangelassen. Als er dann danach wohlig im Bett gelegen hatte und fast schon eingeschlafen war, hatte sie ihn nach seinem Sparbuch gefragt. Natürlich hatte sie es nicht gewollt, um es sicher zu verwahren, so, wie sie es ihm hatte weismachen wollen. Sobald sie es hätte, würde sie das Geld abheben, das darauf war. In der Vergangenheit hatte sie, nachdem sie einige Jahre recht friedlich miteinander verheiratet gewesen waren, erst 60, dann 80, dann 150 Mark und später sogar noch mehr von seinen Ersparnissen abgehoben. Einfach so. Weil sie gemeint hatte, ihr stünde das zu. Als er es bemerkt hatte, war der Teufel los gewesen und sie lebten seitdem mal mehr mal weniger in Streit. Und natürlich hatte er das Sparbuch ab diesem Zeitpunkt im Auge behalten oder trug es sogar bei sich, sodass Elisabeth nicht einfach herangehen konnte. Auch dieses Mal hatte er es ihr wie stets verweigert. Und auch dieses Mal hatte sich eine heftige Diskussion zwischen ihnen entwickelt, die damit endete, dass sie auf ihn einschlug und er aus dem Bett flüchtete, seine Sachen griff und nach unten in die Kneipe verschwand. Das Geld war das einzige, was er für sich hatte. Es war von Anfang an für schlechte Zeiten gedacht, solche, in denen er sich nichts zu Beißen leisten konnte, weil er absolut keine Arbeit mehr fand oder es ihm sogar nicht möglich war, sein Handwerk auszuüben. Er hatte schon ziemlich schnell nach seiner Hochzeit mit Elisabeth gespürt, dass er in so einem Fall nicht auf sie zählen könnte. Sie würde ihn fallen lassen, wie eine heiße Kartoffel. Elisabeth versuchte zwar immer wieder ihn vom Gegenteil zu überzeugen, doch sie konnte es drehen und wenden, sie wollte nicht ihn, sondern sein Erspartes. Solange er es nicht rausrücken würde, würde sie zwar keine Ruhe geben, aber er hatte wenigstens ein einigermaßen anständiges Heim. Ja, wenn er jetzt so darüber nachdachte, dann führten sie abgesehen vom Geld eine ganz gute Zweckgemeinschaft. Jeder von ihnen beiden machte was er wollte und sie lebten nebeneinander her. So war es bei vielen seiner Bekannten hier im Viertel. Abgesehen davon wäre es ihm zu anstrengend, sich jetzt etwas Neues aufzubauen. Da nahm er Elisabeth eben so wie sie war in Kauf. Er selbst war ja auch nicht der Einfachste. Das schmierte sie ihm schließlich immer wieder gern aufs Butterbrot. Nichtsdestotrotz war sein Erspartes nicht dafür da, dass seine Frau es verschwendete. Das hatte er ihr in der Nacht ihres letzten heftigen Streits klipp und klar gesagt, bevor er sich in die Kneipe verzogen hatte. Am nächsten Morgen hatte Elisabeth kein Wort über ihre Auseinandersetzung verloren, sondern ihm sogar liebevoll seine Kaffeeflasche für den Tag fertiggemacht und gereicht. Er hatte noch in der Wohnung einen Schluck daraus genommen, bevor er zur Arbeit losgezogen war. Der Kaffee hatte bitter und irgendwie faulig geschmeckt. Darauf von ihm angesprochen hatte sie gemeint, dass es an den bereits etwas schimmeligen Bohnen liegen könnte. Sie hatte sie wegen der anfänglichen Fäulnis günstig ergattert, aber wenn er sich jetzt deswegen anstelle, müsse er halt wieder Muckefuck saufen. Er hatte ihr dieses eine Mal blöderweise geglaubt. Dennoch hatte er die Kaffeeflasche nicht ganz ausgetrunken, was wahrscheinlich sein Glück gewesen war, denn am gleichen Abend hatte er auf dem

Abort mit ähnlichen Qualen gesessen, wie jetzt gerade. Nicht so schlimm, dass ihm schwindelig geworden war, aber immerhin ... Heinrich hatte daraufhin seine Frau zur Rede gestellt. Er hatte die Kaffeeflasche aus seiner Tasche geholt, diese hochgehalten und ihr direkt ins Gesicht gesagt, dass er glaubte, sie wolle ihn vergiften. Als sie abgestritten hatte, hatte er gesagt, dass er den Kaffee untersuchen lassen würde. Daraufhin hatte sie ihm schneller als er reagieren konnte die Kaffeeflasche aus der Hand gerissen und unter Beschimpfungen den Inhalt aus dem Fenster gegossen.

Wieder überkam Heinrich eine Schmerzwelle, sodass ihm schwarz vor Augen wurde. Was hatte sie ihm nur diesmal gegeben? Der Kaffee hatte heute normal geschmeckt. Er hielt die Augen geschlossen, während er sich ein weiteres Mal krümmen musste und in diesem Moment klopfte es hart an der Tür. Gleich darauf knarzte die Stimme seiner Frau durch das Holz – es klang nicht besorgt, sondern eher interessiert: »Heinrich? Heinrich, bist du da drin?«

Ein Stöhnen entfuhr ihm, was ihn verriet. Er hatte nicht gewollt, dass Elisabeth von seinen Beschwerden etwas mitbekam. Gerade weil er sie im Verdacht hatte, ihm irgendetwas in sein Essen oder den Kaffee gemischt zu haben, wollte er sich nicht die Blöße vor ihr geben. Und er gönnte ihr den Triumph nicht, ihn leiden zu sehen oder zumindest zu hören. So hatte er sich vorhin mühsam aus dem Bett gestohlen, um den Lokus aufzusuchen. Wahrscheinlich hatte die alte Vettel nur darauf gewartet und jetzt lachte sie sich schon ins Fäustchen.

Aber er würde ihr nicht den Gefallen tun zu krepieren, schon gar nicht hier auf dem Klo, obgleich er sich in diesem Moment fast danach sehnte. Einmal mehr zog sein Darm sich zusammen und wieder auseinander, was ihm ein weiteres Stöhnen entlockte, sosehr er auch die Zähne aufeinandergebissen hatte.

»Heinrich? Warst du das?«, hörte Heinrich Wiese nun wieder seine Frau hinter der Tür. Sie lachte hämisch auf: »Oder bist du schon verreckt? Hast wohl wie immer zu viel gesoffen, hä?«

Sein Darm hatte sich wieder beruhigt und der Kesselflicker betete, dass es das nun gewesen sei. Er wischte sich mit einer alten Zeitung sauber, erhob sich langsam und zog sich dabei die lange Unterhose hoch. Diesem Giftweib würde er es zeigen. Heinrich Wiese schob den Riegel auf, gab der Tür einen heftigen Schubs, sodass sie aufflog und seiner Frau gegen den Kopf knallte. Das hatte er gehofft, denn nun war es an ihm ein verächtliches Lachen auszustoßen: »So schnell wirst du mich nicht los, du alter Drachen, hast dich zu früh gefreut!«

Er wollte Elisabeth noch einen Tritt verpassen doch in diesem Augenblick kam es ihm hoch und in einem Schwall brach es aus ihm heraus. Angewidert blickte Elisabeth Wiese, die sich noch immer die Stirn rieb, an sich herunter – sie stand mitten in seinem Erbrochenen und ab den Knien abwärts lief es zudem an ihr herab. Für Heinrich Wiese war dieses Bild die reinste Genugtuung. Obwohl ihm nach wie vor flau im Magen war, sagte er schadenfroh: »Wenn du mich schon zum Kotzen bringst, kannst du die Kotze auch wegmachen.«

Dann ging er langsam die Treppe zur Wohnung hinauf, wo er sich besudelt wie er selbst es ebenfalls war, ins Bett legte. In seinen Eingeweiden rumorte es weiter, doch die quälenden Schmerzen waren für diese Nacht vorbei.

»Zeugin Frl. Reich: (...) Frau Wiese sagte einmal: Kinderblut und Blut von weißen Tauben ist gut, das bringt Glück.«

(Aus der Befragung von Frl. Reich durch das Gericht im Prozess gegen E. Wiese, 1904)

3. WIEDER DA
MAI BIS JULI 1902

Sie stellte ihren kleinen Reisekoffer neben sich ab, suchte in ihrer Handtasche nach dem Schlüssel, zog in hervor und steckte ihn langsam in das Türschloss. Ihr Herz klopfte spürbar gegen ihren Brustkorb und es war mit jedem Schritt, den sie hierher getan hatte, heftiger und schneller geworden. Es war eine Mischung aus Freude und Angst, die sie in sich verspürte. Sie freute sich unbändig, wieder zu Hause in ihrer vertrauten Umgebung zu sein, bei ihren Freunden und sogar ihrer Mutter, obwohl sie Hamburg damals ihretwegen verlassen hatte. Andererseits wusste sie nicht, wie ihre Mutter sie aufnehmen würde. Ob sie einfach so wieder in der Wilhelminenstraße unterschlüpfen konnte? Ihre Mutter hatte ihren Weggang vor ein paar Monaten als derben Verrat angesehen. Das hatte sie ihr in den wenigen Briefen geschrieben, die die Antwort auf ihre vielzähligen Schreiben gewesen waren. Denn wie sie es erwartet hatte, hatte Paula Berkefeld in der Fremde Heimweh bekommen. Um es ein wenig zu dämpfen, hatte sie häufig nach Hause geschrieben, da sie sich auf diese Weise ihrer Heimat näher gefühlt hatte. Und ganz gleich, wie sie sie seit jeher behandelt hatte: Auch ihre Mutter bedeutete für Paula Heimat. Das war schon immer so gewesen.

Natürlich wunderte die junge Frau sich über sich selbst. Die ganze Zeit fragte sie sich, was sie zurück zu ihrer Mutter zog. In England hätte sie zumindest fürs Erste nicht bleiben wollen. Aber sie hätte auch zu einer Freundin gehen oder sich sonst wo hier auf St. Pauli verkriechen können. Warum stand sie also jetzt vor der Tür im ersten Stock und war kurz davor aufzuschließen? Noch hatte sie den Schlüssel nicht herumgedreht. Paula dachte an das, was sie seit Tagen bewegte. Irgendwie verstand sie ihre Mutter ja auch. Wäre Paula nicht auf der Welt, würde Elisabeth Wiese vermutlich ein sehr viel besseres Leben führen und hätte nicht so einen Säufer wie Heinrich zum Mann nehmen müssen. Natürlich war Heinrich auf seine Weise nett und umgänglich, aber zum Fortkommen der kleinen Familie hatte er nicht gerade beigetragen. In Paulas heutiger Wahrnehmung, die sich in England in ihr entwickelt hatte, hatte stets ihre Mutter die Entscheidungen getroffen und die Weichen gestellt, sodass sie für ihre Verhältnisse ganz gut leben konnten. Ihre Mutter war es gewesen, die die schöne Wohnung angemietet und die Untermieter besorgt hatte, damit sie sich die Miete leisten konnten. Und wenn ein Zimmer einmal nicht vermietet war, hatte sie eine andere Lösung gefunden, an Geld heranzukommen. Vielleicht war das nicht immer ganz legal gewesen, doch so lief das auf St. Pauli eben. Manchmal hatte die Mutter Babys in Pflege gehabt, aber das war nie für lange gewesen. In der Fremde hatte Paula eingesehen, dass die Forderung der Mutter doch berechtigt gewesen war, dass Paula nun, da sie es von ihrem Alter her konnte, zum Lebensunterhalt der Familie beitrug – nur vielleicht nicht in dem Maße und der Form, wie Elisabeth Wiese es von ihr verlangt hatte. Paula seufzte unglücklich auf: Deswegen war sie von hier weggegangen und nun wieder da. Einer inneren Regung folgend zog sie den Schlüssel behutsam wieder aus dem Schloss und ließ ihn zurück in ihre Handtasche gleiten. Dann gab sie sich einen Ruck, nahm ihren Reisekoffer wieder hoch und betätigte mit der anderen Hand den Türklopfer. Dreimal kurz hintereinander. Laut durchdrang das Geräusch von hart auf massives Holz schlagendem Eisen das Treppenhaus. Kurz darauf hörte Paula Holzpantinen, die hinter der Wohnungstür auf den Dielen klapperten. Gleich würde sich die Tür öffnen. Das Herz der jungen Frau schlug inzwischen nahezu pausenlos. Mittlerweile überlagerte die Angst die Freude. Und dann, in dem Moment in dem die Klinke von Innen heruntergedrückt wurde, beschlich Paula eine böse Vorahnung und wenn sich nicht gerade die Tür vor ihr geöffnet hätte, hätte sie sich umgedreht und wäre so schnell wie möglich davongelaufen. Jetzt war es zu spät.

Zunächst starrte sie sie nur an, dann schnitt die Stimme ihrer Mutter wie ein Rasiermesser durch die Stille zwischen ihnen: »Haben sie dich bei den feinen Leuten rausgeschmissen und jetzt kommst du hier wieder angekrochen, häh?«

»Nein, sie haben mich nicht rausgeschmissen«, erwiderte Paula leise und ärgerte sich über das Unterwürfige in ihrer Stimme, doch sie konnte nichts dagegen tun. Auch nicht, als sie jetzt sagte: »Ich … ich bin … kann ich nicht erst einmal hereinkommen, Mutter?«

Elisabeth Wieses Blick wanderte die Tochter ab. Dann hellten sich ihre Augen wissend auf und ein grimassenhaftes Grinsen verbreitete sich über ihre schmalen Lippen: »Wieso hast du nicht geschrieben? Das hast du doch andauernd getan. Mir war fast so, als hättest du jede Menge Zeit in dieser englischen Stellung da. Und scheinbar habe ich recht. Hast sie wohl auch noch für was anderes genutzt, was? Hast dir was unterjubeln lassen, richtig? Und deine Mutter soll es jetzt ausbaden, oder was? Hier kannst du auf jeden Fall nicht bleiben. Kein Platz. Oder denkst du, ich hab dein Zimmer für dich freigehalten, Madame. Nee, nee. Schließlich musste ich gucken, wie ich längskomme, als du mich so mies im Stich gelassen hast. Dein Zimmer hab ich untervermietet. Und sowieso wird Heinrich nicht gerade begeistert sein dich hier zu sehen.«

»Warum denn das?«, fragte Paula ehrlich überrascht. Ihr Stiefvater hatte sie eher immer wie Luft behandelt – sie war eben da gewesen und er hatte es hingenommen. Nie hatte er sie großartig beachtet oder sich nur im Ansatz um sie gekümmert. Etwas anders, aber nicht viel, war es gewesen, als ihre Mutter damals in Hannover im Gefängnis gesessen hatte. Doch auch da hatte er Paula lediglich zu Essen hingestellt und sie ansonsten sich selbst überlassen.

»Weil das eben so ist«, entgegnete Elisabeth Wiese ihrer Tochter und machte dabei ein Gesicht, dass sich jede weitere Frage Paulas zu diesem Thema verbot, setzte dann jedoch mit einer plötzlichen Freundlichkeit hinterher: »Er ist allerdings grad nicht da. Schon ein paar Tage nicht. Ich schätze, er ist mal wieder irgendwo versackt. Er wird es also im Moment gar nicht merken, wenn du wieder hier bist. Darum kannst du erstmal reinkommen. Und dann erzählst du mir alles. Ich bin schließlich deine Mutter. Ich koch uns auch was Feines. Pass auf, du gehst rein und wartest in der Küche und ich geh kurz was einholen. Ich hab nichts mehr im Haus.«

Paula nickte und trat einen Schritt nach vorn, wurde jedoch von ihrer Mutter auf der Türschwelle gestoppt: »Hast du Geld für mich? Wovon soll ich sonst den Einkauf bezahlen?«

Aus diesem Grund ist sie also plötzlich so freundlich zu mir, dachte Paula Berkefeld bei sich, während sie ihren Koffer auf der Türschwelle abstellte, aus ihrer Tasche die Börse herausholte, diese öffnete, ihr eine Fünfmarkmünze entnahm und der Mutter hinhielt. Elisabeth Wiese griff gierig nach dem Geld und ließ es in der Tasche ihrer Kittelschürze verschwinden. Dann erst trat sie beiseite und ließ ihre Tochter in die Wohnung ein.

Das Erste, was Paula wahrnahm, war der Geruch. In der Wohnung roch es wie immer nach Kohl. Sofort waren die Bilder wieder in Paulas Kopf, die sie in England verdrängt oder zumindest nicht so hart gesehen hatte: Die Bilder von ihr selbst in einer Ecke der

Wohnung liegend, wie ihre Mutter mit wutverzerrtem Gesicht auf sie eindrosch. Beklemmung machte sich in der jungen Frau breit, dann hörte sie die Wohnungstüre in ihrem Rücken ins Schloss fallen und für einen Moment flackerte Panik in ihr auf. Paulas Fluchtinstinkt meldete sich und sie drehte sich reflexartig um. Ihre Mutter stand dicht hinter ihr und beobachtete sie. Unerwartet streckte diese ihre Arme aus und schob Paula tiefer in den Flur hinein, die in diesem Augenblick wusste, dass sie niemals wieder hätte hierherkommen dürfen, es nun jedoch zu spät war. Unwillkürlich legte sie ihre freie Hand schützend auf ihren Bauch, setzte sich in Bewegung und ging in die Küche, während Elisabeth Wiese sich wieder von ihr abwandte und die Wohnung verließ, um von Paulas Geld was auch immer einzukaufen.

*

Er wusste selbst nicht, warum er sie immer wieder traf. Sie war weder jung, noch hübsch, noch besonders lustig oder freundlich. Im Gegenteil: Sie war eine boshafte Vettel, um die hier so einige auf dem Kiez einen weiten Bogen machten. Andererseits war sie die einzige Frau, die mit ihm alten Sack noch pimperte, ohne dass er es bezahlen musste. Allerdings hatte er seinen Lümmel heute noch nicht in ihr verstecken dürfen. Normalerweise kam sie vorbei, ließ es sich von ihm besorgen und ging wieder. Manchmal brachte sie ein paar Schuhe mit, die geflickt werden mussten, aber im Grunde ging es ihr um reine Befriedigung wie bei den Tieren. Er hatte nie etwas dagegen.

Als sie eben seine Schusterwerkstatt betreten hatte, hatte er sofort ein merkwürdiges Gefühl gehabt. Es hatte auf jeden Fall nichts Gutes verheißen. Schon ihr Gang die Treppe zu ihm hinunter in seinen Raum hatte sich anders angehört als sonst. Irgendwie aufgebracht und gleichzeitig zögerlich, so, als sei sie besorgt, aber auch wütend. Er wusste, dass sie es war, weil er sie aus dem halben Fenster heraus bereits in den Hinterhof hatte kommen sehen. Zunächst hatte er gedacht, ihr Mann hätte etwas herausgefunden, dann jedoch über seine Annahme innerlich den Kopf geschüttelt: Elisabeth war ihr Mann gleichgültig und es würde sie kaum stören, wenn Heinrich Wiese wusste, dass sie sich ab und an mit ihm, dem Schuster, vergnügte. Das einzige, was Elisabeth an ihrem Mann interessant fand, war dessen Sparbuch – davon erzählte sie ihm, dem Schuster, immer wieder.

Aber auch Heinrich Wiese hielt nicht viel von seiner Frau. Das wusste jeder auf dem Kiez. Heinrich blieb nur bei ihr, weil in der Wilhelminenstraße stets eine warme Kohlsuppe auf dem Herd und sein Bett stand, was er nach seinen Alkoholausschweifungen immer mal zum tagelangen Ausschlafen brauchte. Ansonsten gingen sich die beiden aus dem Weg.

Als sie jetzt ohne groß drum herum zu reden sagte: »Schröder, ich brauche deine Hilfe«, wusste er, dass sein Gefühl ihn nicht getrogen hatte und obwohl er sich deswegen nicht über ihre Worte wunderte, musste er schlucken. Elisabeth Wiese war niemand, der mit »Hilfe« einen kleinen Gefallen meinte. Jetzt war der Moment des Bezahlens für seine Tatschereien an ihrem bereits schlaffen Busen und seine Stöße unter ihre Röcke gekommen. Aber warum hätte er es nicht tun sollen? Immerhin hatte sie sich ihm stets freimütig angeboten und auch ein 74-Jähriger wie er es war hatte noch so seine Bedürfnisse. Das war doch normal! Er merkte, wie sich allein bei dem Gedanken daran, etwas hinter der Knopfleiste seiner Hose regte. Kurzentschlossen legte er die Ahle aus der Hand, mit der er gerade Löcher in einen Lederriemen gestochen hatte, und knöpfte sich den Latz auf, während er auf Elisabeth Wiese zuging. Er stieß einen gekünstelten Seufzer aus, der sein Mitleid für was auch immer bekunden sollte, und sagte dann grinsend: »Ich helf dir gern, aber erst musst du mir helfen, du weißt ja, was mir gefällt.«

Missmutig verzog Elisabeth Wiese ihren Mund und erwiderte: »Oh Mann, Schröder, deswegen bin ich heute nich hier. Ich hab nich viel Zeit, aber wenn's denn unbedingt sein muss … mach schnell, haste gehört?«

Nach diesen Worten drehte sie sich um, stützte sich mit den Händen auf dem Arbeitstisch auf und streckte ihm ihr Hinterteil entgegen. Für den Schuster war das Aufforderung genug. Er trat auf die Frau zu, raffte ihre Röcke hoch, zog ihr Beinkleid nach unten und suchte sich ohne Umwege seinen Weg in sie hinein. Als er gerade so richtig schön am Keuchen war und sich wollüstig in ihr rieb, entzog sie sich ihm, drehte sich zu ihm um, suchte seinen Blick und erklärte: »Du musst meine Tochter eine Weile bei dir beherbergen. Es geht nicht anders. Heinrich will sie nicht in der Wohnung haben – schon gar nicht in ihrem Zustand. Und ich hab keinen Platz für sie. Ihr altes Zimmer habe ich untervermietet, als sie sich damals nach England davongeschlichen hat. Im Moment haben wir Paula da noch eine Matratze reingelegt und die Untermieterin zahlt weniger, aber deswegen geht mir jeden Tag Geld durch die Lappen. Nur wegen Paula. Jetzt, mit dem Balg in ihrem Bauch, kommt sie wieder bei mir angekrochen, aber was soll ich machen? Ich bin ihre Mutter. Ich muss ihr helfen und darum musst du mir jetzt helfen. Meinetwegen kann sie hier in deiner Werkstatt auf dem alten Sofa campieren. Sie wartet übrigens schon vor dem Haus vorn an der Straße.«

»Ja, ja«, erwiderte er ungeduldig. »Es wird schon irgendwie gehen. Jetzt dreh dich wieder um, umso schneller kannst du deine Tochter hereinrufen.«

Als Elisabeth Wiese sich wieder zur Wand hindrehte sah er nicht, welche Selbstzufriedenheit ihre Gesichtszüge angenommen hatten. Und selbst wenn, hätte der Schuhmacher sich in diesem Moment keine weiteren Gedanken über die berechnende Art seiner Geliebten gemacht, war er doch gerade viel zu sehr mit seinem eigenen Trieb beschäftigt.

*

Es war der 6. Juli 1902. Paula Berkefeld saß schwer atmend auf dem Sofa in der Schusterwerkstatt. Obwohl hier unten im Keller keine Sonnenstrahlen hinfanden, hatten sich Schweißperlen auf ihrer Stirn gebildet. Ihr machte es inzwischen nichts mehr. Fast war ihr alles gleichgültig. Sie wollte nur noch, dass die Schmerzen, die inzwischen regelmäßig in brutalen Wellen über sie hineinbrachen, wieder verschwanden. Bis vor gut einer halben Stunde hatte sie in der Werkstatt sauber gemacht – so wie jeden Tag. Das war die Abmachung zwischen ihrer Mutter und dem Schuster, damit Paula hier logieren konnte, bis das Kleine da war. Mit ihrem dicken Bauch und dem Wasser, das ihr die Schwangerschaft in Finger und Beine getrieben hatte, war es eine Arbeit, die sie vor allem in den letzten Tagen nur unter größter Anstrengung halbwegs bewältigen konnte. Bald war das alles vorbei. Wahrscheinlich würde sie ihr Baby sogar schon heute zur Welt bringen und in ein paar Wochen würde sie wieder richtig arbeiten können und nicht mehr auf die Gunst des Schusters angewiesen sein.

Wieder spürte sie, wie sich eine Welle näherte und sich in ihrem Körper zu einem unbändigen Schmerz ausbreitete. Automatisch begann sie zu hecheln, um ihm etwas entgegenzusetzen. Ihre Mutter hatte ihr neulich dazu geraten. Um sich abzulenken dachte Paula an den Geliebten ihrer Mutter. Hoffentlich kam Schröder gleich wieder. Der Schuster war vorhin gegangen, um ein paar Besorgungen zu machen. Laut stöhnte sie auf und selbst in ihren Ohren hörte es sich an wie ein Tier, das bei Hagenbeck eingesperrt war und darüber klagte. Dann ebbte die Welle in ihr langsam wieder ab und sie konnte sich für einen Moment sammeln. Sie ärgerte sich über sich selbst. Warum war sie nicht bereits vorhin, als es noch einigermaßen ging, hinüber in die Wilhelminenstraße gegangen? Einen richtigen Grund gab es dafür nicht, sie hatte schlicht und ergreifend zu lange abgewartet. Heinrich wäre kein Problem gewesen. Er wusste inzwischen, dass sie schwanger war und ein paar Mal war sie ihm in der Wohnung über den Weg gelaufen, als sie noch dort in der Stube übernachtet hatte. Er hatte nicht viel zu ihr gesagt, aber er war sowieso eher ein wortfauler Mann. Dafür hatte er sie jedoch mitleidig angeschaut. So war es ihr wenigstens vorgekommen.

Paula strich zärtlich über ihren steinharten Bauch. Gestern war sie im Eppendorfer Krankenhaus gewesen und hatte sich untersuchen lassen. Sie war hingegangen, da sie bei ihrem morgendlichen Toilettengang einen dicken geleeartigen Klumpen Schleim mit Blut vermischt in ihrer Unterwäsche entdeckt hatte. Ihr Herz hatte sofort heftig zu klopfen begonnen und sie hatte Angst um ihr Ungeborenes gehabt. Es war das erste Mal, dass ihr so richtig bewusst geworden war, dass sie bald Verantwortung für ein weiteres Wesen außer sich selbst tragen würde. Und sie freute sich darauf. Schon seit Langem, hatte sie ein tiefes Gefühl der Liebe zu dem Kind in ihrem Leib entwickelt – spätestens, seit sie zum ersten Mal seine Bewegungen in sich gespürt hatte. Zunächst hatte sie sich über sich selbst gewundert, weil es schließlich nicht aus Liebe entstanden war.

Seit einiger Zeit hatte das Kleine öfter einmal Schluckauf, zumindest erklärte sich Paula damit die kleinen Stupser, die dann in einer regelmäßigen Abfolge ihren eigenen Körper sanft erbeben ließen. Als sie ihrer Mutter glücklich davon berichtet hatte, hatte diese nur die Stirn gerunzelt und gemeint: »Du willst das Wechselbalg doch wohl hoffentlich nicht behalten?« Deswegen war sie auch ins Krankenhaus gegangen und nicht zu ihrer Mutter, die als Hebamme ebenso gewusst hätte, was es mit esslöffelgroßen Klumpen in ihrer Wäsche auf sich hatte. Sie hatte einfach nicht gewollt, dass ihre Mutter ihre empfundene Freude über das Baby mit angstmachenden Worten kaputt machte. Sie hatte einfach nur wissen wollen, warum sie geblutet hatte und sie hatte auf Zuspruch gehofft. Den hatte sie erhalten. Der Krankenhausarzt hatte sie eingehend untersucht und gemeint, dass alles in Ordnung wäre und dass es sich lediglich um die Zeichnungsblutung gehandelt hätte, weil das Baby nun bald kommen würde. Paula hatte ihn nicht ganz verstanden und leicht die Stirn gerunzelt, woraufhin der Arzt ihr erklärt hatte, dass die Gebärmutter mit einem Schleimpfropf verschlossen sei, der sich jedoch in der Regel kurz vor der Geburt ablöse.

»Es wird nicht mehr lange dauern und Sie sollten hierbleiben, um die Geburt Ihres Babys abzuwarten. Es scheint recht groß zu sein und Sie sind eine zarte Person«, hatte der Arzt ihr geraten, doch sie war zurück in den Schröderschen Keller gegangen. Sie wusste nicht genau, wie das mit den Kosten bei einer Geburt im Krankenhaus war und musste gerade jetzt jeden Pfennig sparen. Und ihre Mutter würde ihr wohl kein Geld für deren Hebammendienste abnehmen. Das hoffte Paula wenigstens. Und sie hoffte darauf, dass das Baby das Herz der Mutter erweichen würde, wenn es erst einmal auf der Welt war. Immerhin war es Elisabeth Wieses Enkelkind und Paula hatte beobachtet, dass einige

Frauen mit ihren Enkeln liebevoller umgingen, als mit ihren Kindern. Vielleicht würde das bei ihrer Mutter ja auch so sein, obwohl sie Paula immer mal wieder Vorhaltungen gemacht und gefragt hatte, wie gerade ihre Tochter so dämlich hatte sein können und sich ein Kind hatte unterjubeln lassen. Paula hatte darauf nie etwas erwidert, und sie wusste, dass ihre Mutter das auch nicht erwartete. Schließlich kannten beide die Antwort: Der Vater des Kindes musste irgendeiner der vielen Freier gewesen sein, die ihre Mutter ihr zugeführt hatte, bevor sie nach England gegangen war. Natürlich hatte Paula sich nach dem Verkehr unten herum in der Regel so ausgewaschen, wie die Mutter es ihr befohlen hatte, aber das war eben keine Garantie gewesen.

Wieder spürte die junge Frau, wie sich langsam aber unabwendbar eine Schmerzwelle in ihr aufbaute und sie begann mit dem Hecheln. Als die Wehe nachließ und ihr gebeutelter Körper sich wieder entkrampfte, fühlte Paula, wie zwischen ihren Beinen Flüssigkeit auslief. Schnell war das Sofa rund um den Platz auf dem sie saß platschnass und zu ihren Füßen hatte sich eine Pfütze gebildet. Paula bekam einen Schreck. Was hatte das zu bedeuten? War ihr gerade das Fruchtwasser abgegangen? Hatte sie einen Blasensprung? Und wie würde Schuster Schröder reagieren, wenn er sah, was mit seinem Sofa passiert war? Vorsichtig rutschte Paula Berkefeld von der Sitzfläche über die Sofakante hinunter auf den Boden. In diesem Augenblick kam Schröder in die Werkstatt. Er starrte sie aus weit geöffneten Augen an.

»Es … es tut mir leid«, stammelte sie voll Scham, »ich … ich mach das gleich weg, sodass das Sofa wie neu aussehen wird. Ver… versprochen.«

Mehr konnte sie nicht sagen, denn wieder kam eine Wehe. Sie schob sich die Faust zwischen die Zähne, um vor dem Schuster nicht laut zu schreien. Wie hielten andere Frauen diesen fürchterlichen Schmerz aus? Und wann war es vor allem endlich vorbei? Inzwischen war es später Nachmittag, dabei war sie bereits heute Morgen wegen Rückenschmerzen und einem unregelmäßig wiederkehrenden Ziehen im Unterleib wach geworden. Sie hatte sich da bereits gedacht, dass sie die ersten leichten Wehen hatte. Allerdings waren sie aushaltbar gewesen und so hatte sie nichts zu Schuster Schröder gesagt, als dieser in die Werkstatt gekommen war, um seine Arbeit zu beginnen. Stattdessen hatte sie wie jeden Tag begonnen, in den Ecken Ordnung zu schaffen, in denen er nicht gerade werkelte. Schaute der Schuster deswegen so erschrocken? Weil er nicht damit gerechnet hatte, dass sie heute ihr Kind gebären würde? Auf jeden Fall zog er die drei Paar Schnürschuhe, die er zusammengeknotet hatte und die ihm über die Schulter hingen von sich und warf sie in die Ecke zu seiner Werkbank, dann machte er auf dem Absatz kehrt und ließ Paula in ihrer Not erneut allein.

*

Worauf hatte er sich da nur eingelassen? Eine Schwangere aufzunehmen, die dafür seine Werkstatt in Ordnung hielt war eine Sache, aber dass die jetzt auch noch ein Kind darin bekommen würde eine ganz andere. Vor allem hatte Paula Berkefeld eben ausgesehen, als würde sie das nicht überleben. Und eine Tote konnte er nun wirklich nicht in seinem Keller gebrauchen, nicht nur, weil das schlecht fürs Geschäft wäre. Zu allem Überfluss hatte er gerade heute einiges zu tun. Von den drei Paar Schuhen, die er eben mitgebracht hatte, mussten zwei Paar morgen am Vormittag fertig sein. Dafür hatten die Kunden noch extra was draufgezahlt und er konnte es sich nicht leisten, diese durch eine zu späte Rücklieferung zu verärgern. So ein Schietkram, und im Grunde war er selbst schuld, weil er so ein alter geiler Bock war!

»Mit der Paula geht es los«, rief er jetzt, während er den Türklopfer unablässig gegen die Wohnungstür der Wieses schlug. Es dauerte nicht lange, da erschien Elisabeth Wiese an der Tür: »Pscht! Sag mal Schröder, hast du sie noch alle? Musst du gleich das ganze Haus zusammenbrüllen?«

»Mit der Paula geht es los«, wiederholte Schuster Schröder nun leiser, jedoch nicht weniger aufgeregt. »Du musst kommen. Jetzt gleich. Sonst verreckt sie noch in meiner Werkstatt.«

Elisabeth Wiese blickte missbilligend drein, nahm dann jedoch ihren Haustürschlüssel, trat zum Schuster ins Treppenhaus und zog die Wohnungstür hinter sich zu. Dann gingen beide schweigend und schnellen Schrittes in die Talstraße hinüber zur Schusterwerkstatt. Schröder ging hinter Elisabeth. Sie erschien ihm eher wütend als dass sie sich Sorgen um ihre Tochter machte, aber er wusste ja, dass die Wiese anders war als andere Frauen, warum sollte sie dann nicht auch anders als andere Mütter sein?

Seine Vermutung bestätigte sich, als sie den Keller erreicht hatten und die Wiese nach einem kurzen Moment der Musterung ihrer Tochter auf diese zuging, sie beim Arm zog und ohne ein Wort der Begrüßung knapp aufforderte: »Los, steh auf. Wir gehen nach Hause.«

Paula war noch blasser als sonst. Ihre Röcke waren hochgerutscht und zwischen ihren Beinen konnte der Schuster Blut sehen. Das Mädchen, das jetzt den Kopf hob und hauchte: »Nein Mutter, ich kann nicht, es ist zu spät. Es kommt gleich und ich will es nicht auf der Straße kriegen«, tat ihm leid.

»Wie bitte?«, herrschte die Wiese ihre Tochter an. »Bist du hier die Hebamme oder ich? Glaubst wohl, du kennst dich besser aus, häh? Wenn ich sage, dass du mitkommen sollst, dann sollst du mitkommen. Und wenn dein Bastard auf der Straße geboren wird, ist das deine Schuld. Dann hättest du eben eher zu mir kommen müssen, und jetzt hoch mit dir!«

Paula wollte sich schon aufrichten, als sie ihr Gesicht wie unter der Folter verzerrte. Dann begann sie zu hecheln und eine weitere Sekunde später kam ein Wimmern dazu, das zu einem langen schmerzerfüllten Schrei anschwoll – der Schuster fühlte sich an einen Hund erinnert, dem bei lebendigen Leib das Fell abgezogen wurde. Ihm lief ein Schauer über den Rücken und er wollte sich abwenden, als er staunend sah, wie Elisabeth plötzlich begann, auf ihre in den Wehen liegende Tochter einzudreschen. Dabei schrie sie wie eine Furie: »Ich werde dir dein Balg aus dem Bauch prügeln! Steh auf, du Schlampe. Wir gehn jetzt nach Hause und wenn ich dich an den Haaren hinschleifen muss!«

Schröder kannte es zwar von Elisabeth, dass diese leicht aufzubringen war, doch dermaßen in Rage hatte er sie noch nie erlebt. Kurz überlegte er, inwieweit er sich in diese Familienangelegenheit einmischen wollte – was ging ihn das schließlich alles an? Dann bekam er es jedoch mit der Angst. Was wenn die Mutter ihre Tochter in seiner Werkstatt totprügelte? Das wäre noch schlimmer, als wenn Paula hier während der Geburt starb. So etwas kam vor, aber jemanden totdreschen? Erschlagen? Nicht, dass er dann auch noch mit dran wäre!

Schuster Schröder brauchte vier Schritte hinüber zu den Frauen. Von hinten ergriff er Elisabeths Arme. Dann zog er unter einiger Anstrengung die sich sträubende Frau von der Schwangeren weg. Dabei flüsterte er ihr beruhigende Worte ins Ohr: »Elisabeth, hör auf damit, du schlägst sie noch tot. Lass sie ihr Baby hier bekommen, es macht doch nichts aus ob hier oder in der Wilhelminenstraße. Und jetzt beruhige dich.«

Er hörte es an Elisabeths Atmen, das langsam wieder flacher wurde, dass sie ruhiger wurde und ließ sie los.

»Du hast recht Schröder, jetzt ist es auch schon egal«, meinte die Wiese nun und sah sich mit ihren kleinen schwarzen Augen im Raum um. Dann sagte sie mit einem Mal: »Ich bin gleich wieder da«, und verschwand zu Schröders Überraschung aus der Werkstatt.

Er schaute zu Paula hinüber, die sich gerade wieder vor Wehenschmerz krümmte und dabei hechelte. Entschuldigend verzog er seinen Mund, wandte sich von ihr ab und trat an seine Werkbank heran. Er hatte heute noch einiges zu tun und der jungen Frau in der Ecke konnte er sowieso nicht helfen. Nicht umsonst war Kinderkriegen Frauensache. Jetzt konnte er nur darauf hoffen, dass Elisabeth gleich wieder hier war und sie alle diesen an sich schönen Julitag einigermaßen gut überstanden.

*

Seitdem der Schuster sich von ihr weggedreht hatte und nicht mehr auf ihre Ausrufe reagierte, fühlte Paula sich in ihrer Not von allen verlassen. So lachte sie glücklich auf, als sie ihre Mutter im Türrahmen erblickte. Obwohl sie sie eben noch misshandelt hatte, bedeutete die vertraute Gestalt, die jetzt auf sie zukam, doch wenigstens, dass sie nicht mehr allein war. Elisabeth Wiese hatte einen großen Einkaufskorb dabei und Paula nahm an, dass dieser als Bettchen für das Baby gedacht und die Mutter vielleicht doch nicht so schlecht war, wie sie meinte. Immerhin war diese extra schnell nach Hause gelaufen, um den Korb zu holen.

Elisabeth Wiese stellte den Korb beiseite und nahm einen Eimer auf, der zur Werkstatt gehörte. Er war etwa zu zwei Dritteln mit Wasser gefüllt, wie Paula mit einem Blick darein feststellte. Sie fragte sich nicht, warum, denn jetzt endlich nahm Elisabeth Wiese sich ihrer an. Sie befahl ihr, sich auf die Sofakante zu setzen, hob ihre Röcke an, spreizte Paulas Beine auseinander und tastete in sie hinein nach dem Baby. Als ob dies das notwendige Zeichen gewesen war, setzten in diesem Augenblick bei Paula noch heftigere Wehen als zuvor ein und sie fühlte, dass etwas aus ihr herauswollte. Sie empfand einen schier unerträglichen Druck auf ihr Steißbein. Der Druck ließ erst etwas nach, als sie nun unter der Anleitung ihrer Mutter vom Sofa aufstand und über dem Wassereimer leicht in die Knie ging. Während sie sich auf den Schultern von Elisabeth Wiese aufstützte, wartete diese in der Hockstellung und mit den Händen zwischen Paulas Oberschenkeln darauf, dass ihr Enkel auf die Welt kommen würde. Dann fühlte Paula mit einem Mal keinen Schmerz mehr. Erleichtert atmete sie auf und instinktiv sammelte sie all ihre Kraft zusammen für das, was gleich noch kommen würde. Aus den Augenwinkeln sah sie den Rücken von Schuster Schröder in der anderen Ecke des Raumes an der Werkbank. Er schien nach wie vor zu arbeiten und sich nicht darum zu scheren, was in seiner Kellerwerkstatt vor sich ging. Wie kann man nur so abgebrüht sein, dachte Paula Berkefeld bei sich, wurde jedoch in diesem Gedankengang von einer weiteren Wehe unterbrochen, die ihr fast die Sinne raubte. Dennoch presste sie einem inneren Drang folgend unwillkürlich mit und hörte erst auf, als sie wieder atmen musste. Sie stellte fest, dass etwas in ihrem Unterleib bis ganz nach unten katapultiert worden war und sie verstopfte. Ihr strapaziertes Herz machte einen Hüpfer vor Freude – ihr Baby! In dem Bewusstsein, dass sie kurz vor dem Ziel war, japste sie den Sauerstoff, der in der stickigen Raumluft lag, förmlich ein. Dabei hatte sie das Gefühl zu zerreißen, so sehr drückte das Kind. Es war, als sei es in ihrer Öffnung festgeklemmt, doch sie konnte nichts dagegen tun.

»Ja, das hast du richtig gemacht«, hörte sie ihre Mutter sagen. »Der Kopf ist schon fast draußen. Beim nächsten Mal ist es da. Streng dich einfach an und schieb es mit aller Kraft raus.«

Trotzdem sie gerade weiß Gott anderes zu tun hatte, freute sie sich über das seltene Lob ihrer Mutter. Dazu kam die Aussicht, dass alles gleich vorbei sein würde, wenn sie nur weiter gut mitmachte. Sie war wie beflügelt und als jetzt die nächste Wehe kam, presste sie wie noch kein Mal zuvor bis sie abrupt eine große Erlösung verspürte, die ihren gesamten Körper durchflutete. Gleichzeitig schob sich eine Nebelwand vor ihre Augen und in ihrem Kopf schien sich alles zu drehen. Sie sackte zusammen und konnte sich gerade noch auf das Sofa fallen lassen. Ein heftiges Ziehen in ihrem Unterleib ließ sie ein paar Minuten später wieder zu sich kommen. Wieso hatte sie noch Wehen? Sie dachte, es wäre vorbei! Erschrocken blickte sie ihre Mutter an, die noch immer vor dem Sofa hockte und auf irgendetwas zu warten schien. Die Hände und Unterarme von Elisabeth Wiese waren blutverschmiert und Paula bekam es mit der Angst zu tun. Sie wollte nach ihrem Baby fragen, als sie feststellte, dass ihre Mutter jetzt eine etwa zweifingerdicke Schnur, die ebenfalls blutverschmiert war und zu Paulas Entsetzen aus ihrem Unterleib herauskam, in die Finger nahm. Die Schnur sah aus wie eine

Wasserschlange. Was war das nur? Hatte sie neben ihrem Kind noch ein Monster empfangen? War das die Strafe Gottes, weil sie ihren Körper verkauft hatte? Oder vielleicht sogar, weil sie ihre Mutter verlassen hatte? Stand nicht in der Bibel irgendwo, dass Kinder sich um ihre Eltern kümmern mussten? Paula wusste es nicht.

Wieder zog es schmerzhaft in ihr, jedoch war es nicht so stark wie mit dem Kind. Hatte sich die Schlange in ihr festgebissen? Was für ein Albtraum! Oder war sie gar nicht richtig bei sich und bildete sich das alles nur ein?

»Was ist das Mutter«, fragte sie bange. »Was kommt da aus mir heraus? Wo ist mein Baby?«

»Um das Kind kümmern wir uns gleich. Das ist die Nabelschnur und jetzt kommt die Nachgeburt. Hilf deinem Körper und press sie heraus«, erwiderte Elisabeth Wiese emotionslos.

Paula war erleichtert. Von der Nachgeburt hatte sie gehört. Es war also kein Monster. Sie begann, ein weiteres Mal zu pressen und gleichzeitig zog ihre Mutter an dem, was sie Nabelschnur genannt hatte. Dann gab es ein schmatzendes Geräusch und die junge Frau erblickte mit weit aufgerissenen Augen den kleinen Fleischberg, der gerade aus ihr herausgekommen war und an der Schnur hing. Sie folgte der Schnur mit ihrem Blick und sah nun, dass an deren anderen Ende ein Baby hing. Ihr Baby, das schräg hinter ihr lag! Warum hatte sie es vorher nicht bemerkt? Und warum schrie es nicht? Schrie nicht jedes Neugeborene, wenn es auf die Welt kam? Zumindest, wenn es keine Totgeburt war? Paula meinte, das einmal erzählt bekommen zu haben. Wieder begann Paulas Herz bis in ihren Hals hinauf zu schlagen. Ängstlich verfolgte sie, wie ihre Mutter sich jetzt am Bauch ihres Babys zu schaffen machte. Paula wollte etwas sagen, doch da hatte Elisabeth Wiese bereits die Schnur durchtrennt und das Kind hochgenommen. Paula dachte, ihre Mutter wollte ihr das Kind geben und streckte schon die Arme nach ihm aus, stattdessen legte Elisabeth Wiese ihr Enkelkind unsanft in den zuvor bereit gestellten Eimer mit Wasser, wartete ein paar Sekunden, nahm es wieder heraus und legte es auf einen Sack, der neben dem Sofa stand. Paula wusste, dass der Sack weich genug für ihr Baby war, denn er enthielt schmutzige Wäsche. Sie selbst hatte sie heute Morgen dort hineingesammelt.

»Ist es ... ist es tot?« fragte Paula voll Furcht vor der Antwort.

Elisabeth Wiese verzog verächtlich ihr Gesicht, nachdem sie das nackte Kind ausgiebig betrachtet hatte: »So viel Glück hast du nicht, dein Bastard lebt.«

Paula Berkefeld durchfuhr ein Gefühl der Erleichterung, in das mitten hinein die Stimme ihrer Mutter befahl: »Mach, dass es tot geht! Wenn man ein Neugeborenes in einen Eimer Wasser tut, dann stirbt es. Mach es also einfach nochmal.«

Tausend Gedanken stoben nach diesen Worten in Paulas Kopf hin und her, während sie gleichzeitig nach dem Kind griff. Sollte sie tun, was ihre Mutter ihr eben gesagt hatte? Elisabeth Wiese hatte bereits während der Schwangerschaft ihrer Tochter immer mal wieder nebenbei fallen lassen, wie schwer es mit einem

Kind aber ohne Vater sei, und dass sie sich nicht um ihr Enkel kümmern würde, damit Paula arbeiten gehen könne. Und ihre Mutter hatte ein paarmal wie nebenbei erwähnt, dass sie aufgrund ihrer bisherigen Verurteilungen Paulas Schwangerschaft nicht unterbrechen würde, dass man das aber gleich nach der Geburt regeln könne. Wie dieses Regeln aussehen würde, hatte sie nicht gesagt, aber jetzt wusste Paula es. Tatsächlich hatte sie vor allem zu Beginn ihrer Schwangerschaft hin und her überlegt, ob sie das Kind behalten sollte. Dann hatte sie irgendwann mehr gefühlt als gewusst, dass sie sich und ihr Kind schon irgendwie durchbringen würde und in diesem Augenblick war sie sich da mehr als sicher. Sie würde für ihr kleines Baby alles tun! Es war ein Junge wie Paula jetzt feststellte, während sie ihn betrachtete. Sie fand ihn wunderschön. Er hatte volle dunkle Haare. Sein kleines Gesichtchen war ganz zerknautscht und er war mit einer weißen, käsigen Schicht überzogen. Ob das normal war? Das war ihr Sohn! Sie hatte ihn monatelang in ihrem Bauch ausgetragen und eben gerade geboren! Es kam ihr wie ein Wunder vor. Genau, wie ihr kleiner Sohn selbst, an dem alles dran war, was ein Mensch brauchte. Arme, Hände, Beine, Füße – sogar die Zehen waren alle zehn da! Als das kleine Geschöpf nun anfing, sich zu bewegen und mit seinen Beinchen zappelte, empfand Paula unsägliches Glück. Er war so ein winziger Mensch! Und zerbrechlich! Paula hätte ihn gern hoch und in ihre Arme genommen, doch mit einem Mal fühlte sie sich schwach und der Nebel stieg wieder in ihr auf. Sie riss sich zusammen und blinzelte einige Male, um ihn wieder zu vertreiben. Ihr Sohn brauchte sie jetzt. Peter, ja, ihr Sohn sollte Peter heißen, das war ein schöner Name. Sie ließ ihren Blick ein weiteres Mal sanft über das Kind gleiten, als die harte Stimme ihrer Mutter sie aus diesem unbeschreiblichen Moment des Glücks jäh hinauskatapultierte und zischte: »Du sollst es tot machen!«

»Nein, das kann und will ich nicht! Peter soll leben. Ich bin seine Mutter und schaffe das«, erwiderte sie fassungslos. Wie grausam war ihre Mutter bloß? »Er ... er ist doch mein Baby«, setzte sie leiser hinzu, trotzdem sie in diesem Moment wusste, dass keine Worte der Welt das Herz ihrer Mutter erweichen konnten, wenn noch nicht einmal der Anblick ihres Enkelkindes es tat.

»Ui, der Bastard hat schon einen Namen? Peter heißt er also und du meinst, du schaffst das? Dass ich nicht lache! Wahrscheinlich denkst du, ich helfe dir dabei und füttere deinen Peter auch noch durch, so wie ich es mit dir gemacht habe, du undankbare Göre. Aber da hast du dich geschnitten und zwar ganz gewaltig!«, blaffte Elisabeth Wiese die junge Mutter an. Paula musste schlucken. Ihre Kehle war trocken und zu gern hätte sie etwas getrunken. Die Worte ihrer Mutter taten ihr weh und hilfesuchend blickte sie in die andere Ecke des Raumes zum Schuster hinüber, der wie zuvor mit dem Rücken zu ihnen stand und sich von dem Drama, das sich hinter ihm abspielte, nicht weiter beeindrucken ließ.

Niedergedrückt wandte Paula Berkefeld sich wieder ihrem kleinen Peter zu und in diesem Moment merkte sie, dass ihr erneut schwummerig vor Augen wurde, ihre Fingerspitzen zu kribbeln begannen und sie in sich zusammenfiel wie ein leerer Leinensack. Eine wohltuende Schwärze, die all ihre Gedanken blockierte, breitete sich daraufhin in ihr aus und dann fühlte Elisabeth Wieses Tochter nichts mehr.

*

Fräulein Reich krauste ihre Nase und hielt sie schnuppernd in die Luft. Irgendetwas roch hier ganz eigenartig. Nach verbranntem Fleisch. Doch da schwang auch etwas Süßliches mit und das war es dann, was bei ihr eine leichte Übelkeit verursachte. Oder hatte sie sich zu ihrem Fieber nun auch noch eine Magen-Darm-Geschichte zugezogen? Das hätte noch gefehlt, dann würde sie ja noch ein paar weitere Tage nicht arbeiten können und sie hatte so gehofft, morgen wieder hingehen zu können. Sie brauchte das Geld und so ein Ausfall riss ein ordentliches Loch in ihr Portemonnaie. Natürlich, seit ein paar Jahren gab es da dieses Gesetz, dass Lohn im Krankheitsfall weitergezahlt werden musste. Allerdings nur, wenn dies im Arbeitsvertrag stand. In ihrem stand es nicht. Sie war damals froh gewesen, überhaupt eine Arbeit gefunden zu haben und hatte deswegen nicht auf diese Klausel bestanden, zumal ihr zuvor deutlich gemacht worden war, dass sie die Stelle dann nicht bekäme.

Kurzentschlossen schlug Fräulein Reich das Laken von sich. Sie war eben erst aufgewacht, nachdem sie die halbe Nacht wachgelegen hatte. Ob der Geruch sie geweckt hatte, wusste sie nicht. Auf jeden Fall war er sogar durch ihren Türspalt gekrochen.

Ein Blick auf die kleine Pendeluhr, die auf der Kommode stand, verriet ihr, dass es bereits später Vormittag war. Sie erhob sich aus ihrem Bett, griff sich ihre Strickjacke, die über dem Bettpfosten hing, legte sie sich über, öffnete das Fenster zum Lüften und verließ ihr kleines Zimmer. Sie folgte dem Geruch, der aus der Küche zu kommen schien. Jedenfalls nahm er mit jedem schlurfenden Schritt in die Richtung zu, sodass Fräulein Reich sich bald die Nase mit Daumen und Zeigefinger zukniff, so beißend wurde er. Dann holte sie jedoch durch den Mund Luft und nahezu sofort übermannte sie wieder die Übelkeit, denn jetzt hatte sie den ekelerregenden Geruch auf ihren Geschmacksnerven liegen, von wo er sich umgehend in ihrer gesamten Mundhöhle breitmachte und sie würgen ließ. Während sie nun schneller die lange Diele zur Küche ging, hielt sie die Luft an. Was war hier nur los? Ob irgendetwas Feuer gefangen hatte? Hoffentlich war sie nicht allein in der großen Wohnung! Hier, in der Wilhelminenstraße 23 wusste man nie so genau. Fräulein Reich kam es stets so vor, als sei es in der Wohnung der Wieses ein Kommen und Gehen. Sie wohnte erst seit ein paar Monaten zur Untermiete in dem kleinen Zimmer, hatte aber nicht vor, es noch viel länger zu tun. Sie war bereits auf der Suche nach einer neuen Bleibe, aber es war gar nicht so einfach, etwas einigermaßen Günstiges und dazu noch Komfortables zu finden. Die meisten Zimmer zur Untermiete waren dunkel, feucht, voller Ungeziefer und Frischluft kam selten hinein. So, wie ihr Zimmer zuvor, was sie sich im Gängeviertel mit zwei anderen Frauen geteilt hatte. Wenn man nicht bereits krank war, dann wurde man es garantiert – nicht umsonst hatte 1892 im Gängeviertel die Choleraepidemie frei wüten können. Aber auch Typhus oder Tuberkulose waren selbst jetzt, rund zehn Jahre später, keine Seltenheit in diesen Quartieren. Aus diesen Gründen war sie damals froh gewesen, hier auf St. Pauli bei den Wieses etwas gefunden zu haben. Leider war das Zimmer nicht unbedingt günstig. Gut, sie bewohnte es allein und die Tochter von der Wiese, Paula, war nur für ein paar Wochen mit eingezogen, um dann bei Schuster Schröder unterzukommen. In der Zeit hatte Fräulein Reich weniger für ihr Zimmer gezahlt und dennoch war die alte Wiese eine Halsabschneiderin. So musste sie für jede Kanne Teewasser einen Pfennig extra bezahlen, da hierfür ja auch Wasser und Kohlen zum Anfeuern des Herdes anfielen, wie Elisabeth Wiese es ihr bei jeder sich bietenden Gelegenheit aufs Butterbrot schmierte.

Die Tür zur Küche war nur angelehnt und bevor Fräulein Reich sie aufstieß, wendete sie sich noch einmal ab und holte Luft, was widerlich war, aber notwendig. Als sie dann eilig in die Küche trat, vergaß sie vor lauter Staunen das Luftanhalten und vermutlich durch die Überraschung wurde ihr dieses Mal nicht übel: Neben dem Herd standen mehrere Eimer, gefüllt mit verbrannter, zum Teil noch glühender Kohle, von der der eklige Geruch ausging. Was hatte das zu bedeuten? Aber wenigstens loderte hier kein offenes Feuer, wie Fräulein Reich feststellte. Sie griff sich ein Geschirrtuch, das achtlos auf dem Küchentisch lag und drückte es sich vor Mund und Nase. Auf diese Weise konnte sie wenigstens einigermaßen atmen. Dermaßen gerüstet durchschritt Fräulein Reich den Raum und machte sich am Fenster zu schaffen, um es zu öffnen. Die Riegel klemmten und das Fräulein musste ein wenig rütteln, bis sie das Küchenfenster endlich aufbekam. Gerade als sie dachte, dass es wahrscheinlich etwas geölt werden musste, hörte sie die Stimme ihrer Vermieterin in ihrem Rücken: »Fräulein Reich, was machen Sie da? Wieso öffnen Sie mein Küchenfenster? Wollen Sie den Gestank von ganz St. Pauli in unsere Wohnung holen oder was? Und was machen Sie hier überhaupt? Müssen Sie nicht arbeiten? Haben Sie etwa Ihre Stellung verloren und werden mir gleich sagen, dass Sie die Miete nicht mehr zahlen können?«

»Ich ... ich, ich bin krank und deswegen nicht auf Arbeit und dann roch es so ... so merkwürdig in der Wohnung. Es kam aus der Küche und ...«, begann Fräulein Reich, ärgerte sich jedoch über sich selbst und unterbrach sich. Warum war sie so eingeschüchtert? Und warum hatte sie das Gefühl, etwas Unrechtes getan zu haben? Sie hatte doch nur das Fenster aufgemacht. Darüber hinaus war sie diejenige, die in dieser Wohnung einiges an Geld ließ! Etwas mehr Respekt hatte sie sich wohl im wahrsten Sinne des Wortes verdient, dachte das Fräulein, straffte seine Schultern, zog die offene Strickjacke über dem Busen zusammen, um sich keine weitere Blöße zu geben, streckte das Kinn vor und deutete mit diesem auf die Kohleneimer: »Und was ist das da? In der ganzen Wohnung stinkt es danach, da ist der Geruch von St. Paulis Straßen nichts dagegen!«

Jetzt war es an Elisabeth Wiese zu stutzen, dann sagte sie schnippisch: »Verbrannte Kohle.«

»Das sehe ich selbst, aber warum so viel und wieso dieser süßliche Geruch nach … nach verbranntem Fleisch?«, wollte Fräulein Reich es genau wissen. Elisabeth Wiese musterte sie einen Augenblick argwöhnisch.

»Ich habe die Nachgeburt meines toten Enkels, dem kleinen Peter, im Ofen verbrannt, die Kohlenreste davon bringen Glück, aber das müssen nicht alle Nachbarn riechen«, erklärte die Frau dann, zog ein Taschentuch aus ihrer Schürze und schnäuzte sich, bevor sie sich abwendete und die Küche verließ. Fräulein Reich folgte ihr, sprach sie jedoch nicht mehr an, sondern ging in ihr Zimmer, schloss die Tür sorgfältig hinter sich und lehnte sich aus dem Fenster, wo sie dankbar die frische Luft in sich einsog. Dort, wo sie herkam, war es Brauch, die Nachgeburt in der Erde zu vergraben und einen Baum darauf zu pflanzen – einen Lebensbaum für das neugeborene Kind. Das war hier in der Stadt natürlich nicht so einfach möglich. Doch selbst wenn, bezweifelte Fräulein Reich, dass Elisabeth Wiese so etwas für ihren Enkel getan hätte, zumal dieser tot war. Die Frau wirkte stets selbstsüchtig, kaltherzig und nie wirklich fröhlich. Sie schien lediglich von Geld getrieben und wenn sie einem freundlich begegnete, erreichte die Freundlichkeit nie ihre Augen und war nur so lange vorhanden, bis sie erzielt hatte, was sie wollte. Außerdem hatte sie nie ein Zeichen von Freude über Paulas Schwangerschaft und die Tatsache, dass sie Großmutter werden würde, gezeigt.

Fräulein Reich hatte wenig mit ihrer Vermieterin zu tun und bei ihren Begegnungen waren sie beide bisher recht sachlich miteinander umgegangen. Allerdings hatte das Fräulein bereits einige Mal mitbekommen, wenn Elisabeth Wiese zornig geworden war, und war dann immer froh gewesen, dass sie selbst nicht das Ziel deren Wut war. Aber die Wiese war offenbar abergläubisch. Sie verhing nachts die Fenster und ließ in der Küche Licht brennen. Als Erklärung hatte sie Fräulein Reich gesagt, dass Gott ihr abendliches Gebet nach einem Lotteriegewinn so sicher erfüllen würde. Aber war das Aberglaube? Vielleicht nicht. Zugegebenermaßen hatte ihre Vermieterin ihr hingegen erzählt, dass sie regelmäßig um Mitternacht mit Geistern sprechen würde. Dabei hatte die Frau leise gewispert und mit den Augen gerollt. Dann hatte sie sie gebeten, ihr ein Gebet aus diesem Buch abzuschreiben, in dem die ältere Frau ständig blätterte, dem sechsten und siebten Buch Mosis. Fräulein Reich hatte es getan und bereits da war ihr unheimlich zu Mute gewesen. Jetzt fiel ihr ein, dass die Wiese erwähnt hatte, dass nicht nur Gebete, Heiler-Rezepte und Beschwörungen darinstanden, sondern auch etwas von Kinderschlachten und dass Kinderblut, genauso wie das Blut von weißen Tauben, Glück bringt. Sie hatte damals angenommen, die Wiese wolle ihr Furcht einjagen, damit sie ja immer pünktlich die Miete zahlte und irgendwie glaubte sie das immer noch. Wenn sie es sich jetzt recht überlegte, konnte Fräulein Reich sich einfach nicht vorstellen, dass die Wiese ernsthaft abergläubisch war. Sie hatte schon einmal gesehen, wie ihre Vermieterin Schuhe auf den Tisch gestellt hatte, und sie legte regelmäßig scharfe Gegenstände mit der Schneidseite nach oben. Wenn Fräulein Reich das sah, erschauerte sie jedes Mal und fasste sich an das Kreuz, das ihr an einer silbernen Kette um den Hals hing. Allein der Gedanke, dass der Teufel auf Messerschneiden ritt, bereitete ihr Gänsehaut. Nein, tief in ihrem Inneren war Elisabeth Wiese nicht abergläubisch, da war sich das Fräulein bei näherer Überlegung sicher. Und diese merkwürdigen Riten führte die Frau sicherlich nur durch, weil sie ihr nicht schaden konnten, aber eventuell nutzten – schließlich wusste niemand so ganz genau, was es mit diesem mystischen Zeugs auf sich hatte. Möglich war alles.

Jäh fiel Fräulein Reich ein, dass Paula Berkefeld mal erwähnt hatte, dass ihre Mutter gelernte Hebamme war. Warum hatte sie nicht gleich daran gedacht? Das war überhaupt die Erklärung! Sie wusste, dass manche Hebammen frischgebackenen Eltern hinter vorgehaltener Hand empfahlen, die Nachgeburt zu verbrennen, um böse Geister zu vertreiben, sodass diese sich nicht an die noch reine Seele des Neugeborenen heften konnten. Warum sonst sollte die Wiese die Nachgeburt ihrer Tochter so aufwendig im Ofen verbrennen? Warum hatte sie sie nicht einfach als Fischfutter in die

Elbe geschmissen? Oder sogar selbst gegessen, dachte Fräulein Reich angewidert bei sich, wobei ihr in diesem Moment auffiel, dass es schon seit ein paar Tagen nicht mehr nach Kohl in der Wohnung gerochen hatte. Sollte die Wiese vielleicht wirklich … Vielleicht hatte sie Paulas Mutterkuchen in den Buchweizen-Kartoffeltopf hineingeschnitten, der die vergangenen zwei Tage auf dem Herd gestanden hatte. Die Wiese hatte ihr noch erzählt, dass sie von ihrer Harburger Verwandtschaft ein Pfund Buchweizen geschenkt bekommen hatte und ihr eine Schüssel vom Buchweizen-Kartoffeltopf für 10 Pfennig angeboten. Sie hatte Hunger gehabt und das Geld bezahlt. Die Suppe war lecker gewesen … Fräulein Reichs Magen rebellierte gegen die Erinnerung und den Geruch nach verbranntem Menschenfleisch, der trotz des geöffneten Fensters noch immer leicht in der Luft lag und ihr kam es hoch. Aber was hatte die Wiese dann heute in ihrer Küche verbrannt? Da das Fräulein heute noch nichts getrunken oder gegessen hatte, war es nur Galle, die ihre Kehle hinaufschwappte und schnell schluckte sie die bittere Flüssigkeit wieder hinunter. Bäh war das alles widerlich! Sie stieß sich vom Fensterbrett ab und trat an die Waschschüssel mit dem bereits abgestandenen Wasser heran, benutzte ihre rechte Hand als Schöpflöffel, senkte ihren Kopf über die Schüssel und schlürfte ein paar kräftige Schlucke aus ihrer hohlen Hand, was den unangenehmen Geschmack, der in ihrem Rachen hing, einigermaßen minderte. Sie ging zu ihrem Bett, bückte sich und zog den Nachttopf hervor. Innerlich schüttelte sie den Kopf über sich selbst, während sie sich auszog, in die Hocke ging und niederließ. Die wenige Zeit, die sie mit der Tochter von Elisabeth Wiese das Zimmer geteilt hatte, war der Nachttopf kaum mehr unter dem Bett verschwunden. Paula hatte dermaßen häufig Wasser lassen müssen, dass Fräulein Reich sich schon gefragt hatte, ob die junge Frau langsam von innen vertrocknen würde. Vor ein paar Wochen war Paula dann zu Schröder gezogen. Warum, hatte sie nicht gesagt, doch obwohl sie die damals hochschwangere Frau mochte, war Fräulein Reich erleichtert gewesen. Sie hatte sich bereits davor gefürchtet, helfen zu müssen, wenn Paula in ihrem gemeinsamen Zimmer niederkäme. So war der Kelch noch einmal an ihr vorübergegangen, sie konnte nämlich kein Blut sehen.

Fräulein Reich merkte, wie die Müdigkeit sie überfiel. Wenn sie morgen wieder zur Arbeit gehen wollte, sollte sie den Schlaf einfach zulassen. Ihr Körper schien das zu wollen. Sie erhob sich vom Topf, machte sich mit Papier trocken und schlüpfte in ihr Bett. Dann schloss sie ihre Augen und kurz bevor der Tag zur Nacht für sie wurde, erschien das Bild von Schuhmacher Schröder vor ihrem inneren Auge und wie er vor ein paar Tagen aufgeregt an die Wohnungstür gehämmert und immer wieder ausgerufen hatte: »Mit der Paula geht es los, mit der Paula geht es los!« Ihre Vermieterin war mitgegangen und nach ein paar Stunden wieder zurückgekommen – allein, ohne Paula und deren Baby. Neugierig hatte Fräulein Reich sich zu Elisabeth Wiese in die Küche gesellt. Auf ihre Frage hin hatte die Wiese ihr erzählt, dass Paula einen hübschen Sohn geboren hatte, der aber unter der Geburt gestorben war. Jetzt, während des Übergangs vom Wach- in den Schlafzustand konnte Fräulein Reich die kratzige Stimme von Elisabeth Wiese in sich hören und wie diese ihr ungefragt weiter erzählt hatte, dass sie deswegen einen Sarg für 30 Mark besorgt hatte. Fräulein Reich war es bei diesen Worten so erschienen, als würden die 30 Mark die Wiese mehr quälen als der Tod ihres Enkelsohnes und auch in diesem Moment, in ihrer Erinnerung, zeigte die Wiese keine Traurigkeit. Eher glühte Hass in ihren Augen, die das Fräulein anblitzten und dann sah es mit Schrecken dabei zu, wie die Wiese langsam ihre Hand hob, die sie zuvor hinter ihrem Rücken verborgen hatte, und darin einen Schürhaken schwenkte. Plötzlich verwandelte die Wiese sich. Ihre Hakennase wuchs noch weiter und eine dicke Warze bildete sich auf der Spitze. Ihr Rücken krümmte sich und es formte sich ein Buckel heraus. Fräulein Reich sah angsterfüllt dabei zu. Sie konnte sich nicht bewegen, um wegzulaufen, und auch nicht schreien. Sie versuchte es, doch sie war wie gelähmt, während vor ihr die Hexe aus dem einzigen Buch, das sie in ihrer Kindheit besessen hatte, stand. Es war die, die schon Hänsel in den Backofen hatte schieben wollen und Fräulein Reich wusste, dass die Hexe es nun mit ihr vorhatte. Jetzt holte die Hexe Schwung und kurz bevor der Schürhaken drohte, auf Fräulein Reichs Schädel nieder zu sausen, fand sie sich liegend in ihrem Bett vor. Ihr Herz raste und sie atmete schwer. Benommen schaute sie sich in ihrem Zimmer um. Sie war allein. Alles war nur ein Traum gewesen. Vor Erleichterung lachte sie auf, doch gleich fuhr ihr der Schrecken erneut durch die Glieder: Hatte die Wiese ihr eigenes Enkelkind im Ofen verbrannt?

*

»Mach's gut«, flüsterte Fräulein Fuß in das Ohr ihrer Freundin.

»Du auch«, gab Paula Berkefeldt murmelnd zurück. Sie beide standen an der Brücke und hielten sich im Arm – gleich würde Paula hoch an Deck gehen. Es gab keinen Grund leise zu sprechen, denn hier war niemand, der sich großartig für sie interessierte oder sie sogar belauschte. Fräulein Fuß hatte ihre Stimme gesenkt, weil sie sonst keinen ordentlichen Ton herausgebracht hätte. Die Traurigkeit über den erneuten Verlust ihrer Freundin hatte ihre Stimmbänder umhüllt und ließ ihre Worte wackeln, wenn sie sie laut aussprach. Flüstern ging jedoch einigermaßen.

Sie hatten September und jetzt, am späten Nachmittag hier unten an der Elbe, konnte man den Wind des Herbstes erahnen, der ihnen bereits als angenehm frische Brise durch die Haare fuhr. Fräulein Fuß legte ihren Kopf auf die Schulter der Freundin und spürte durch die Kleidung deren Knochen. Paula hatte alle Pfunde, die sie sich während der Schwangerschaft zugelegt hatte, wieder verloren. Nein, das stimmte nicht. Fräulein Fuß kam es vor, als sei die Tochter von Elisabeth Wiese noch dünner als je zuvor. Natürlich war das Veranlagung.

Abgesehen von dem ordentlichen Bauch und den dicken Beinen, die jedoch vor allem durch Wassereinlagerungen entstanden waren, war Paula keine fette Schwangere gewesen. Da hatte das Fräulein Fuß schon ganz andere gesehen. Allerdings hatte Paula die üblichen Pölsterchen gehabt, nachdem sie ihr Baby geboren hatte, diese waren jedoch ziemlich schnell nach der Geburt wieder verschwunden gewesen. Fräulein Fuß glaubte, dass die Trauer um ihren toten Sohn dazu beigetragen hatte. Sie hatten viel über den kleinen Peter gesprochen – was Paula vor allem beschäftigte, war die Tatsache, dass sie ihren Sohn nur ein einziges kurzes Mal gesehen hatte und da hatte er noch gelebt. Sie hatte keine Beweise, aber sie war sich sicher, dass ihre Mutter das Neugeborene getötet hatte, während sie ohne Bewusstsein gewesen war. Diese Vermutung zermürbte Paula zusätzlich zu dem Tod ihres Kindes und Fräulein Fuß konnte es ihr nicht verdenken. Auch jetzt, während sie sich langsam aus den Armen von Fräulein Fuß löste, fing Paula wieder davon an: »Wenn du irgendetwas über Peter hörst, dann schreib mir, ja? Ich muss einfach wissen, was da genau passiert ist.«

»Ja, natürlich, das mache ich«, erwiderte Fräulein Fuß traurig wurde jedoch von Paula unterbrochen, die jetzt mehr mit sich selbst als mit ihr zu sprechen schien: »Ich werde es mir nie verzeihen können, dass ich ihn nicht vor meiner Mutter beschützt habe. Hätte ich doch bloß nicht nach seiner Geburt das Bewusstsein verloren, vielleicht hätte ich ihn retten können. Ich hätte einfach nicht einschlafen dürfen, als ich aus der Ohnmacht wieder erwacht bin, aber ich war so erschöpft. Dabei hätte ich es mir denken können, weil Mutter und Peter verschwunden waren. Sie wollte ja auch, dass ich ihn tot mache. Vor der Geburt hat sie mir damit in den Ohren gelegen und nach der Geburt wieder …«

»Ja, ich weiß«, sagte Fräulein Fuß, die sich das schon zig Mal hatte anhören müssen. Sie hätte ihrer Freundin so gern geholfen, aber ihr fiel einfach nicht ein wie. Denn so, wie es aussah, würde nie jemand erfahren, wie Peter gestorben war und Elisabeth Wiese würde ihr Wissen darüber mit ins Grab nehmen. Diese alte Hexe.

Aus Paulas Augen traten nun dicke Tränen hervor und Fräulein Fuß wusste nicht, was sie noch sagen sollte. Sie hatten das Geschehen schon so oft durchgekaut. Die ersten Male hatte das Fräulein es mit tröstenden Worten probiert, doch irgendwann war sie nur noch stille Zuhörerin gewesen. So wie jetzt, denn Paula sprach weiter, nachdem sie sich die Nase geputzt hatte: »Ich konnte es erst gar nicht glauben, als ich dann nach Hause in die Wohnung kam und Mutter mir ohne mit der Wimper zu zucken gesagt hat, dass Peter tot ist und sie ihn bereits in die Eckernförder Straße zum Beerdigungsinstitut gebracht hat. Ich weiß noch, wie ich sie einfach nur angestarrt habe. Bis vorhin hat sie mir vorgehalten, dass sie 20 Mark bezahlen musste, damit er anständig beerdigt wird. Natürlich wollte sie das Geld von mir wiederhaben, aber …«

»Was sagst du da?«, stoppte Fräulein Fuß ihre Freundin, die gerade etwas erwähnt hatte, wovon sie noch nicht wusste. Sie flüsterte nicht mehr als sie nun nachhakte: »Bist du sicher, dass sie 20 Mark gesagt hat, nicht 30?«

»Ja, 20. Ich musste es mir ja andauernd vorhalten lassen«, erwiderte Paula Berkefeld und von einem auf den anderen Moment waren ihre Tränen versiegt, so verwundert schien sie über die Frage von Fräulein Fuß zu sein. Dann schüttelte sie jedoch abwehrend ihren Kopf und meinte: »Aber ist die Höhe denn wichtig?«

»Keine Ahnung, ich weiß nur, dass deine Mutter der Reich was von 30 Mark erzählt hat und das ist doch komisch«, entgegnete Fräulein Fuß nachdenklich und Paula Berkefeld zog ihre Stirn kraus.

»Da hast du recht. Bei niemand anderem würde ich mich wundern, aber bei Mutter schon. In Geldsummen würde sie sich nie irren«, stimmte Paula zu.

»Kann natürlich sein, dass Fräulein Reich da was durcheinander bekommen hat, aber wieso sollte sie?«, sprach Fräulein Fuß den Gedanken, der ihr gerade in den Kopf geschossen war, laut aus.

»Ja, wieso sollte sie?«, wiederholte Paula Berkefeld betrübt und nahm den kleinen Koffer hoch, der neben ihr stand. Während sie die Brücke hinaufsah, die auf das Schiff führte, das sie gleich zurück nach England und ihrer dortigen Herrschaft bringen würde, herrschte Stille zwischen den beiden Freundinnen. Unmittelbar bevor Fräulein Fuß Paula ein weiteres Mal zum Abschied umarmen wollte, veränderte sich deren Gesichtsausdruck. Wobei es nicht das ganze Gesicht war, sondern nur die Augen, die eben noch resigniert geschaut hatten, jetzt aber wissend aufblitzten. Mehr staunend als entsetzt von der plötzlichen Erkenntnis stellte Paula Berkefeld fest: »Sie hat Peter gar nicht beerdigen lassen.«

»Aber du warst doch bei diesem Bestatter und hast gefragt, oder?«, wollte Fräulein Fuß wissen. Sie war davon ausgegangen, dass Paula sich nach dem Grab ihres Sohnes erkundigt hatte, um ihn zu besuchen und noch einmal im Stillen Abschied von ihm zu nehmen. Sie hatte Paula jedoch niemals darauf angesprochen, um deren Trauerwunde nicht unnötig bluten zu lassen.

»Nein, ich …«, erwiderte Paula und stockte, während in ihren Augen wieder die Traurigkeit überhandnahm. »Ich … ich konnte es nicht. Ich wollte nicht an Peters Grab weinen. Ich hab ihn doch so lange in mir getragen und dann hab ich ihn kurz gehalten, als er … als er noch gelebt hat. Ich wollte dieses Bild in meinem Kopf nicht gegen einen kleinen Rasenfleck, unter dem er im Dunkeln liegt, eintauschen. Er ist ja auch mit anderen Toten begraben worden und ich wär dann nicht mit ihm allein gewesen … Das hat Mutter mir und Heinrich zumindest so erzählt … Darum war ich jedenfalls nicht in diesem Bestattungsinstitut. Verstehst du?«

»Ja, ich verstehe das«, sagte Fräulein Fuß sanft. »Wenn deine Mutter Peter nicht beerdigt hat, was glaubst du, hat sie dann …« Sie brach ihren Satz ab, weil sie an den Beginn ihrer Bekanntschaft mit Elisabeth Wiese denken musste und wie diese bei ihrem Spaziergang an der Elbe so merkwürdig prüfend die Hafenkante heruntergeblickt hatte. Ob sie ihren toten Enkelsohn da an einer unbeobachteten Stelle einfach hineingeworfen hatte? Hatte die alte Vettel Peter wie eine Katze ersäuft?

»Ich weiß nicht«, antwortete Paula in die Gedanken des Fräuleins hinein. »Vorgestern hat sie mir erzählt, dass sie Peterchen eigentlich verbrennen wollte, er aber zu groß für unseren Ofen gewesen war. Ja, das hat sie gesagt. Zu groß. Und dann hat sie wieder die 20 Mark von mir gefordert, die sie beim Bestatter bezahlt hat. Sie hat gesagt, sie sei ziemlich klamm und er wäre schließlich mein Sohn gewesen.«

Fräulein Fuß räusperte sich, umarmte die junge Frau wortlos, gab ihr einen letzten Kuss wandte sich ab und ging mit gesenktem Kopf zurück nach St. Pauli. Ob sie Paula Berkefeld je wiedersehen würde? Wenn sie an Paulas Stelle wäre, würde sie niemals wieder zurückkehren. Sie wusste, wie sehr ihre Freundin während ihres ersten Aufenthalts in England unter Heimweh gelitten hatte. Damals war ihr Weggang eine Flucht vor der Mutter gewesen, heute floh sie vor den Erinnerungen, denn eigentlich hatte sie mit ihrem Sohn in Hamburg bleiben wollen. Mit ihrem lebenden Sohn, aber nicht mit einem toten.

»Das Fehlen von Findelhäusern in Deutschland hat schon so manchem kleinen Wesen das Leben gekostet.«

(Gerichtsreporter Hugo Friedländer, 1910)

4. AN MUTTER STATT
OKTOBER 1902 BIS JANUAR 1903

Wirklich schade, dass die Tänzerin so schnell wieder weg ist, dachte Heinrich Wiese zum wiederholten Mal bei sich, während er gemeinsam mit dem Nachbarn das Sofa die Treppenstufen nach unten hievte. Er hatte das Datum noch genau im Kopf. Die Tänzerin war erst vor etwa zwei Wochen, am 4. Oktober ausgezogen. Sie hatte nur knapp einen Monat als Untermieterin bei ihnen gelebt. Nun war sie bei ihrer Schwester in Berlin. Ob sie noch lebte? Nach Paulas erneuter Abreise nach England hatte die Tänzerin wenigstens ein bisschen Zierde in die Wohnung gebracht. Gut, er hatte sie nur selten gesehen, weil sie die meiste Zeit in ihrem Zimmer verbracht hatte, aber wenn, dann hatte er sich jedes Mal gefreut. Sie hatte ihn mit ihrer blassen, fast durchscheinenden Haut und dem schlanken Körper, der schon fast knochig gewesen war, an Paula erinnert – Paula war nicht so abgemagert, aber sie war schließlich auch nicht todkrank. Die Tänzerin hatte die Schwindsucht.

Heinrich Wiese atmete einmal tief durch. Herr im Himmel, war dieses Sofa schwer. Paula hatte dadrauf ihre Freier empfangen, schoss es ihm jetzt durch den

Kopf und sofort empfand er das Sofa als noch schwerer. Die Muskeln seiner Oberarme brannten, sodass sie zitterten.

»Heinrich, is was? Brauchst 'ne Pause«, rief der Nachbar, der hinter Heinrich herkam und die andere Seite des Sofas stemmte.

»Nee Mann, passt schon«, rief Heinrich hoch, der sich seine kleine Schwäche nicht anmerken lassen wollte – es war gestern Abend wieder spät geworden. Gleich hatten sie es sowieso geschafft und das verdammte Ding war unten. Wieder wanderten seine Gedanken zur Tänzerin. Elisabeth war sehr viel entspannter, seitdem die Frau nicht mehr in der Wohnung war. Zu Beginn, als die Tänzerin eingezogen war, hatten sie sich keine weiteren Gedanken gemacht. Da hatte die neue Bewohnerin aber auch nur manchmal gehustet und dass Frauen in diesem Beruf dünn waren, war ja häufig so. Doch dann wurde es recht schnell sehr viel schlimmer. Die Tänzerin hatte angefangen Blut zu husten. Sie hatte kaum noch ihr Zimmer verlassen. Elisabeth hatte es aus Angst vor Ansteckung nur selten betreten. Eigentlich nur dann, wenn der Arzt bei der Kranken war, um mitzubekommen, wie schlecht es um die Untermieterin nun wirklich stand. Erst, als die Tänzerin mit ihrem Koffer nach Berlin abgereist war, hatte seine Frau sich länger in dem dann wieder frei gewordenen möblierten Raum aufgehalten. Aber nicht, um ihn zu reinigen, das hatte sie Fräulein Fuß überlassen, der sie vom Türrahmen aus Befehle erteilt hatte, wo sie überall den Staublappen schwingen sollte. Sie hatte der Straßendirne nur die Hälfte ihres Stundenlohns gezahlt und als diese sich nach getaner Arbeit darüber mokierte, hatte ihr Elisabeth entgegengeschleudert: »Sei froh, dass du einmal nicht die Beine breitmachen musstest und dir jetzt trotzdem deinen Fusel leisten kannst.« Die gebrauchte Bettwäsche der Tänzerin hatte sie durch Fräulein Fuß ebenfalls abziehen und in einen Korb packen lassen. Den hatte sie dann bei einem Marktgang mitgenommen und mitsamt seinem Inhalt gegen irgendetwas eingetauscht. Was das gewesen war, hatte Heinrich grad vergessen. Was er jedoch nicht vergessen hatte, war die Nacht, als Elisabeth längere Zeit in dem Zimmer verbracht hatte. Heinrich hatte es zufällig mitbekommen, weil eines dieser vermaledeiten Babys, die immer mal für ein paar Tage in der Wohnung waren, geschrien hatte. Es war draußen noch dunkel gewesen, aber der Platz neben ihm im Bett leer. Er hatte aus diesem Grund angenommen, dass Elisabeth sich um das Gör kümmerte. Bald hatte er sich jedoch gefragt, was seine Frau da trieb, denn das Kind hatte einfach nicht aufgehört zu schreien. Er war aufgestanden, um nachzusehen. Eigentlich interessierten ihn die fremden Bälger nicht, aber er wollte weiterschlafen. Kaum war er jedoch aus seinem Bett gekrochen, war es still in der Wohnung. Anstatt sich wieder hinzulegen, hatte Heinrich seine Frau in der Wohnung gesucht, um sie zur Rede zu stellen. Wenn sie schon diese Kostkinder hier anschleppte, dann sollte sie auch zusehen, dass die ihn nicht störten. Elisabeth war nicht in der Küche gewesen und er hatte auch nicht angenommen, dass sie auf dem Abort war, denn nachts benutzte sie in der Regel den Topf. Er hatte in die Gute Stube geschaut, doch auch dort war sie nicht gewesen und erst dann war er darauf gekommen, in dem ehemaligen und seitdem ungenutzten Zimmer der Tänzerin nachzugucken. Als er jedoch in den Raum geblickt hatte, war er stumm geblieben. Elisabeth hatte ihn nicht bemerkt. Sie hatte auf dem Dielenboden gekniet und war lesend in ein Stück Papier vertieft. Heinrich hatte gewusst, dass sie las, denn Elisabeth hatte einen Buchstaben nach dem anderen vor sich hingemurmelt. Das tat sie meist, wenn sie sich allein fühlte, da das Lesen ihr schwerfiel.

»M-o-r-p-h-i-u-m«, hatte Heinrich Elisabeth sagen hören und sich sofort versteift. Er hatte sich gefragt, was das zu bedeuten hatte? Wieso las seine Frau etwas über Morphium? Wollte sie ihn mit diesem Schmerzmittel kaltstellen und ihm dann das Rasiermesser in Seelenruhe über den Hals ziehen? Er hatte sich unwillkürlich an seine Kehle gefasst. Seine Gedanken waren gerast, dann hatte er sich jedoch wieder beruhigt. Er hatte vermutet, dass Elisabeth ein Rezept der Tänzerin gefunden hatte, das diese vergessen hatte – er hatte einmal mitbekommen, dass ihr der Arzt dieses Zeug gegen ihre immer drastischer werdenden Schmerzen verschrieben hatte. Scheinbar hatte Fräulein Fuß doch nicht ganz so gründlich sauber gemacht. Sein Blick war auf das kleine Schränkchen gefallen, das er vor längerer Zeit einmal von einem seiner Kunden als Bezahlung für einen geflickten Topf bekommen hatte und er fühlte seine Vermutung bestätigt – sicherlich war das Rezept in der Schublade nach hinten gerutscht und sowohl beim überstürzten Aufbruch der Tänzerin, als auch bei der Zimmerreinigung übersehen worden. Während er jetzt zusammen mit dem Nachbarn das Sofa durch die Wohnung zu seinem neuen Platz schleppte, erinnerte er sich daran, wie Elisabeth gezetert hatte, als er das Schränkchen nach Hause gebracht hatte. Sie hatte – wie immer – auf bare Münze gehofft und ihn – auch wie immer – auf das Übelste beschimpft, was sie mit so einem ollen Ding sollten, das bloß noch zum Feuermachen gut sei. Dann hatte sie sich aber dennoch das wurmstichige Schränkchen geschnappt und als Nachttisch in das Zimmer gestellt – möblierte Zimmer brachten in der Untermiete mehr Einnahmen und je mehr Komfort man bot, desto mehr konnte man verdienen. Er und sein Nachbar stellten nun das Sofa in der neuen Stube ab und während sie es zurechtrückten, wanderten Heinrichs Gedanken zurück zu der Nacht. Neben Elisabeth hatte der inzwischen wieder schlafende Säugling auf einer löchrigen Decke gelegen. Er war angezogen gewesen, jedoch nicht zugedeckt, obwohl es nicht gerade warm gewesen war. Rechts vom Säugling hatte ein Fläschchen gestanden. Es war eine Mischung aus Wasser und Kondensmilch darin, wobei das Wasser in der Menge überwiegte, das wusste Heinrich, weil er so ein Fläschchen einmal aus Neugierde probiert hatte – er hatte wissen wollen, was Elisabeth den Kindern gab. Obwohl diese ihm absolut nichts bedeuteten, war er damals wieder einmal entsetzt über seine geizige Frau gewesen.

Als ihm das jetzt in den Sinn kam, knurrte sein Magen. Er hatte heute Morgen noch nichts gegessen. Elisabeth hatte ihn in der Früh unsanft geweckt und angekündigt, dass sie umziehen würden.

»Jetzt? Spinnst du?«, hatte Heinrich verwundert geknurrt. Er kannte ja die merkwürdigen Einfälle seiner Frau und hielt sie auch manchmal für recht sonderlich, aber das ging hier doch nun wirklich etwas weit, denn so ein Umzug betraf am Ende auch ihn.

»Nein, ich spinne nicht!«, hatte Elisabeth barsch erwidert. »Und wenn du dich nicht immer in deiner Kneipe herumtreiben oder hier besoffen rumhängen würdest, dann wüsstest du das auch. Und jetzt steh endlich auf.«

Sie hatte ihm die Decke weggeschlagen und war aus dem Zimmer gerauscht, wo er sie im Flur mit der Nachbarin Frau Düwel hatte reden hören. Da erst war ihm eingefallen, dass sie tatsächlich vor ein paar Tagen erwähnt hatte, dass sie in die Parterrewohnung umziehen würden und die bisherige Mieterin Frau Düwel aus der Parterrewohnung wiederum in ihre hier im ersten Stock. Die Erklärung dafür war einfach: Frau Düwel hatte im Parterre Furcht vor Einbrechern. Ihm war der Wohnungstausch recht gewesen, und da Elisabeth ihn sowieso nicht um seine Meinung oder gar sein Einverständnis gefragt, sondern ihn lediglich darüber informiert hatte, hatte er nichts weiter dazu gesagt und deswegen wohl auch vergessen. So hatte er seine müden Knochen aus dem Bett geschwungen, sich schnell etwas übergezogen und war zu den anderen gegangen. Jetzt waren sie erst mit etwa einem Viertel durch, aber gleichgültig was Elisabeth sagen würde, er brauchte eine Pause.

»Ich brauch jetzt erstmal 'n Kaffee«, sagte er daher

zu dem Nachbarn, nachdem sie das Sofa nun zurechtgerückt hatten und ihr Werk begutachteten.

Der Nachbar nickte und ließ sich auf das Sofa fallen. Heinrich wiederum trat aus dem Zimmer, strebte den Flur entlang zur offen stehenden Wohnungstür und gerade, als er in das Treppenhaus hinaus wollte, trat Elisabeth ein. Sie stießen zusammen und sie ließ den kleinen Karton fallen, den sie vor sich hergetragen hatte.

»Mann du Tölpel, du bist auch zu nichts gut. Kannst du nicht aufpassen?«, herrschte Elisabeth Wiese ihren Ehemann an, während sie eilig auf die Knie ging und die vielen losen Zettel zusammenklaubte, die mitsamt dem Karton auf den Boden gefallen waren und nun um Heinrichs Füße eine kleine Papierinsel bildeten. Aber es hatte auch kurz gescheppert, als der Karton ihr aus der Hand geglitten war. Heinrich hatte es genau gehört. Es war ein Geräusch gewesen, als ob Glas oder etwas anderes Hartes aufgeprallt wäre. Heinrich Wiese blickte an sich herunter, doch er sah nur Papier und keine Scherben oder etwas anderes. Als er nun Anstalten machte, aus dem Papier herauszutreten, klapste seine Frau ihn unsanft am Hosenbein und zischte: »Wehe du rührst dich, dann zertrittst du es noch.«

Heinrich blieb stocksteif stehen und fragte irritiert: »Was?«, während er weiter an sich herunterblickte.

»Das geht dich gar nichts an«, bekam er patzig zur Antwort. Inzwischen hatte Elisabeth Wiese die losen Blätter wieder in den Karton gelegt, doch sie saß nach wie vor auf dem Fußboden und schaute sich suchend um. Sie kam Heinrich etwas nervös vor.

»Kann ich mich jetzt bewegen?«, fragte er ebenso gereizt wie seine Frau, die ihn mit ihrer ständigen Übellaunigkeit zusehends nervte. Er vernahm nur ein Brummen, was er als Einverständnis auslegte und so machte er einen Schritt zur Seite, um an Elisabeth vorbei aus der Wohnungstür zu treten. Dabei fiel sein Blick auf ein braunes Glasfläschchen, das halb unter einer neben der Tür abgestellten Anrichte lag. Das war es also, was er eben gehört hatte. Das Fläschchen musste auch in Elisabeths Karton gewesen und mitsamt den Papieren herausgefallen sein, um dann unter den Dielenschrank zu kollern. Heinrich bückte sich und hob die kleine Medizinflasche auf. Sie trug das Emblem der Apotheke, in der sie auch sonst ihre Medizin holen, wobei das recht selten vorkam. Doch das war es nicht, was ihn verwunderte, sondern eher der Zufall. Gerade eben noch hatte er an Elisabeth denken müssen und wie sie in dieser einen Nacht auf dem Fußboden gesessen und von einem Stück Papier M-o-r-p-h-i-u-m abgelesen hatte und jetzt hielt er ein Fläschchen in der Hand, auf dem genau diese Bezeichnung stand. Er hatte also tatsächlich recht mit seiner Vermutung gehabt, dass es sich um ein Rezept der Tänzerin gehandelt hatte, denn wie sonst sollte Elisabeth an Morphium kommen. Der Apotheker hatte ihr das Fläschchen sicher nicht wegen ihrer hübschen Augen gegeben und dass sie es mit ihm trieb, so wie mit Schuster Schröder, glaubte Heinrich keine Sekunde. Heinrich Wiese wusste von dem Schuster, doch es machte ihm nichts. Wieso auch? Solange Heinrich zu Hause sein Essen und seinen Schlaf bekam, war es ihm egal, wem seine Frau ihren blanken Hintern hinhielt. Manchmal wollte Heinrich natürlich auch selbst ran und solange Elisabeth das zuließ, war ihm ihr sonstiges Leben gleichgültig. Wenn sie beim Schuster war, ließ sie ihn wenigstens in Ruhe. Der Schuster war ein alter Sack, der sonst keinen Schuss mehr loswerden würde, außer er legte dafür ordentlich Geld bei den Huren hin. Der Apotheker jedoch war ein junger Mann, der nicht so eine Vettel wie Elisabeth brauchte, um sich zu vergnügen.

Heinrich hielt Elisabeth, die inzwischen aufgestanden war, die Flasche hin: »Ist es das, was du suchst? Hat die Tänzerin ein Rezept vergessen und du hast es an ihrer Stelle in der Apotheke abgeholt? Hast du vor, mich mit diesem Zeug kalt zu machen?«

Er hatte seine Fragen ruhig gestellt, doch in ihm drin loderte die Wut. Langsam schwenkte er das Morphium vor Elisabeths Nase hin und her. Sie versuchte es zu greifen, doch es gelang ihr nicht. Ihr Mund war zu einem schmalen Strich verzogen und er war sich sicher, sie hätte wie immer in solchen Fällen wild auf ihn eingeschimpft, oder gar gedroschen, wenn nicht der Nachbar hinten in der Wohnung gewesen wäre.

»Gib her«, zischte sie stattdessen heraus.

»Wofür hast du es«, bohrte er nach.

»Nicht für dich, das kannst du glauben, für dich wäre es zu schade«, spuckte sie ihm ihre Worte entgegen und grapschte erneut nach der vermeintlichen Medizin. Dieses Mal mit Erfolg.

Heinrich bedachte seine Frau mit einem abfälligen Blick und ging in den ersten Stock hinauf, um in seiner ehemaligen Küche vielleicht etwas Essbares zu ergattern. Bisher hatten sie keine Küchenmöbel herausgetragen und er hoffte, noch den üblichen Topf Kohlsuppe auf dem Herd vorzufinden und bei einigen wohltuenden Löffeln etwas zu verschnaufen und einen klaren Kopf zu bekommen. Die Sache mit dem Morphium beschäftigte ihn, zumal es Elisabeth gar nicht recht gewesen zu sein schien, dass er mitbekommen hatte, dass ein solches Medikament in ihrem Besitz war. Nach wie vor konnte er sich keinen Reim darauf machen. Als er jetzt jedoch die Küche betrat, wurde er von seinen Gedanken abgelenkt. Frau Düwel stand am Herd und begutachtete intensiv dessen Feuerraum. Als sie Heinrich Wiese bemerkte, fragte sie mit gerunzelter Stirn: »Sag mal, Heinrich, was habt ihr denn hier getrieben? Brauchtet ihr so dringend Geld, dass ihr die Schamottsteine vom Herd verkauft habt, oder was? Warum fehlen die hier? Wie soll ich denn jetzt Kochen? Da muss ich ja nu immer ein starkes Feuer machen, damit es überhaupt heiß wird, so einen dollen Zug, wie das hier haben wird. Kannste mir das mal erklären. Was habt ihr denn immer zum Feuern genommen? Eine ganze Kohlenladung oder was? Reinpassen würd die in das dicke Loch. Da kann man ja nur hoffen, dass mein Alter das wieder flickt. Und die Herdplatte ist auch zersprungen. Mann, Mann, Mann. Das tut die doch nich von selbst. Da hat die Elisabeth 's wohl immer besonders heiß hier gemacht. So ein Schietkram.«

Heinrich wusste keine Antwort. Tatsächlich war es ihm vor allem in der Küche in der letzten Zeit auch immer besonders heiß vorgekommen, aber es hatte ihn nicht weiter gekümmert. So zuckte er als Antwort nur seine Schultern und sah zu, seine alte Wohnung schnell wieder zu verlassen, zumal er mit einem Blick festgestellt hatte, dass keine Kohlsuppe oder sonst etwas Essbares mehr hier herumstand. Von einem Kaffee ganz zu schweigen. Was für ein merkwürdiger Tag. Erst entdeckte er das Morphium und jetzt diese Sache mit dem Herd. Was in Herrgottsnamen trieb Elisabeth nur für ein Spiel?

*

Ihre Schritte wurden immer langsamer, während sie auf das vierstöckige Haus mit der Nummer 23 in der Wilhelminenstraße in St. Pauli, nur knapp 150 Meter von der über Hamburgs Grenzen hinaus bekannten Reeperbahn, zusteuerte. Sie betrachtete es von unten. Es hatte im Gegensatz zu den umliegenden, an denen der Putz bröckelte und die Dächer undicht aussahen, eine schöne Fassade und sah auch darüber hinaus recht gepflegt aus – sicherlich waren die Mietkosten hier nicht unbedingt gering. Ob das ein gutes Zeichen war? Immerhin machte es in dieser sonst eher schäbigen Gegend, in der hier und da eine Ratte dicht vor ihren Augen vorbei gehuscht war, einen guten Eindruck und das beruhigte sie für einen Moment. Auf dem Weg hierher hatte sie den Blick nahezu die ganze Zeit über nach unten auf die Straße gerichtet. Die Dirnen, die an jeder Ecke standen und sich unschicklich präsentierten, verunsicherten sie.

Darüber hinaus hatte sie Angst, hinzufallen. Das Pflaster war zum Teil aufgerissen und der Schneematsch der letzten Tage hatte sich in den Löchern angesammelt. Sie wandte sich von dem Haus ab und senkte ihren Kopf, während sich ein liebevolles Lächeln auf ihren vollen Lippen ausbreitete: Das Bündel in ihren Armen begann sich zu regen. Sofort fühlte sie ein Ziehen in ihrer milchschweren Brust. Es war wieder Zeit für eine Mahlzeit. Gleich würde der kleine Wilhelm aufwachen und nach ihrer Brust verlangen. Eine Träne stahl sich aus ihrem rechten Auge und rann ihre Wange hinab. War es richtig, was sie im Begriff war zu tun? Ganz gleich wie das Haus von außen aussah, wollte sie das wirklich? Sie atmete einmal tief ein und wieder aus. Reiß dich zusammen, mahnte sie sich, es ist das Beste für dein Baby und dich. Und eine Alternative hast du im Moment sowieso nicht. Es ist schließlich keine Frage des Wollens, sondern des Müssens. Und es ist ja nicht für immer. Wenn du genug angespart hast, dann holst du ihn dir wieder.

Sie bewegte ihren Kopf Richtung Schulter, hob diese an und fuhr sich mit ihr über den unteren Rand der Wange, sodass sie die Träne abwischen konnte, ohne eine ihrer Hände zu benutzen, die Wilhelm hielten. Es war ein Schock für sie gewesen, als sie bemerkt hatte, dass sie tatsächlich schwanger war. Sie war ein einfaches Dienstmädchen und dazu noch unverheiratet – in diese Welt passte einfach kein Kind und es wurde auch nicht geduldet. Darüber hinaus hatte sie sich gefragt, wie sie sich um das Kleine kümmern sollte, wenn es denn erst da war, ohne ihre Stellung zu gefährden. Der Makel, der durch ein uneheliches Kind auf ihr lasten würde, war da zweitrangig gewesen. Natürlich, sie hatte noch einmal Glück im Unglück gehabt und war von ihrer Herrschaft nicht postwendend auf die Straße gesetzt worden, dennoch hatte sie gewusst, dass sie ihren kleinen Wilhelm würde abgeben müssen. Das war die Bedingung der Herrschaft gewesen. Auf den Kindsvater, auch das war ihr von vorn herein klar gewesen, würde sie niemals zählen können – weder auf seine finanzielle Unterstützung und schon gar nicht auf ihn als Mann, der sie heiratete. Wie auch? Er war schon längst wieder aus Hamburg verschwunden und sie ging nicht davon aus, ihn jemals wiederzusehen. Er fuhr zur See und sie hatte ihn an dem einzigen freien Tag kennengelernt, den sie sich je genommen hatte, seit sie im Dienst ihrer Herrschaft stand. Sie kannte noch nicht einmal seinen vollen Namen. Sie war einfach zu dumm gewesen und hatte genau das getan, wofür sie andere verachtete. Es war der Tag gewesen, als ihre Schwester hier Halt gemacht hatte. Sie war auf Durchreise von Ahrensburg, ihrer beider Heimatdorf, nach Celle gewesen und war in Altona aus dem Zug gestiegen, damit sie sich nach über drei Jahren einmal wieder sehen konnten. Gertrud hatte sich ein Zimmer in einer Pension in der Großen Bergstraße genommen. Dort hatte sie ihre Schwester abgeholt und da sie sich beide nicht auskannten, waren sie einfach die große Hauptstraße entlanggegangen, bis sie kurz darauf unerwartet in St. Pauli gelandet waren – und jetzt war sie wieder hier, zum zweiten Mal in ihrem Leben.

Gertrud war nicht nur die Jüngere, sondern auch immer schon die Lebenshungrigere von ihnen beiden gewesen und so waren sie nach einem aufregenden Besuch im Panoptikum in die ebenfalls am Spielbudenplatz gelegene Wirtschaft »Hornhardts Etablissement« gegangen, um sich dort zu erfrischen. Es hatte einiges gekostet, doch das war ihnen ihr Wiedersehen wert gewesen und sie hatten bis in den Nachmittag hinein zusammengesessen und sich erzählt. Sie wurden erst unterbrochen, als eine Gruppe dänischer Matrosen in die Wirtschaft gekommen war, und sich nur einen Tisch weiter gesetzt hatte. Gertrud war sofort von den hübschen Uniformen beeindruckt gewesen und auch sie selbst konnte sich der Faszination, die die jungen und ausgelassenen Männer auf sie ausübten, nicht entziehen. Bald hatte die gesamte Mannschaft hinüber an ihren Tisch gewechselt und sie hatten gemeinsam gelacht, obwohl sie sich nur in gebrochenem Deutsch verständigen konnten. Inzwischen mutmaßte sie, dass zumindest bei ihr die abgelegte Zurückhaltung vor allem am Alkohol gelegen hatte und sie hatte sich geschworen, diesen niemals mehr in ihrem Leben anzurühren. Zuerst hatte sie nur von dem Bier genippt, das einer der Matrosen vor sie und Gertrud gestellt hatte. Doch irgendwann hatte es zu schmecken begonnen und sie hatte eine Leichtigkeit verspürt, die sie sonst von sich selbst nicht kannte. Es war ein schönes Gefühl gewesen und als sie alle zusammen aufgebrochen waren, hatte sie sich am Arm des Matrosen wiedergefunden, der ihr nach dem ersten Bier auch noch ein zweites und drittes gebracht hatte. Er hieß Christian und seine funkelnden blauen Augen inmitten des wettergegerbten gebräunten Gesichts, das von strohblonden Locken umrahmt war, hatten es ihr schon vor dem ersten Schluck Bier angetan. Er hatte kaum deutsch sprechen können, aber bis auf immer wieder »Smukes Mädchen« hatte er auch nicht viel gesagt. Der Laune hatte das keinen Abbruch getan und ihrer Zweisamkeit später auch nicht – sie wurde noch immer rot, wenn sie nur daran dachte.

Christian und ein weiterer Matrose hatten sie und Gertrud später zu deren Pension begleitet. Dort hatte sie sich von ihrer Schwester herzlich und tränenreich verabschiedet, denn sie wussten beide nicht, wann sie sich ein nächstes Mal sehen würden. Irgendwann hatte sie sich abgewandt und den Weg zum Haus ihrer Herrschaften eingeschlagen. Es hatte bereits zu dämmern begonnen und sie hatte sich gefreut, dass der hübsche Matrose ihr ohne Umschweife seinen Arm angeboten hatte, um sie zu begleiten. Der Abschied von Gertrud hatte die bierselige Leichtigkeit in ihr vertrieben und sie war Christian dankbar für seine Gesellschaft gewesen. Auf diese Weise hatte sie sich in diesem Moment nicht so allein auf der Welt gefühlt und so hatte sie sich fest an den Dänen geschmiegt. Sie wusste bis heute nicht, ob das der Auslöser für den Matrosen gewesen war oder er den Plan schon die ganze Zeit gehabt hatte, doch als er sie in einer besonders kleinen Gasse in einen Hausdurchgang zog und dort stürmisch aber sanft küsste, hatte sie sich nicht gewehrt. Kurz waren Gertruds letzte Worte vor ihrem Abschied durch ihren

Kopf geschwirrt. »Pass auf dich auf und vor allem auf diesen Christian. Er ist Matrose, vergiss das nicht«, hatte die Schwester ihr zugeraunt, doch es hatte nicht geholfen. Nach nur wenigen Sekunden im Hausdurchgang hatte sie das Denken sein lassen und sich einzig und allein Christians Lippen und Händen hingegeben – sie war zuvor noch nie geküsst, geschweige denn auf diese Art berührt worden, wie der Däne es getan hatte. Noch heute überlief sie ein Schauer der Lust, wenn sie sich daran erinnerte, wie er ihre Brüste und ihren Hintern geknetet hatte. Trotz der Scham, die sie dann vor sich selbst empfand, begann in solchen Augenblicken ihr gesamter Körper zu prickeln und sie musste nicht nur an ihre eigene Begegnung, sondern auch an die Geschichten von den älteren Mädchen in Ahrensburg denken, die hinter vorgehaltener Hand von den Stelldicheins mit ihren Liebsten erzählt hatten. Damals, als kleines Mädchen, hatte sie den geflüsterten Worten der Größeren nur gelauscht und nicht recht verstanden. Seit der schicksalhaften Nacht mit dem Matrosen war das nicht mehr so. Weniger Scham als Zorn empfand sie, wenn sie ihre Erinnerungsbilder weiter vor ihrem inneren Auge abspulte. Verhältnismäßig schnell kamen dann die Bilder von dem Moment, als ihre jungfräuliche Lust in ahnungsvolle Furcht umgeschlagen war. Es war exakt der Augenblick gewesen, als Christian ihre Röcke angehoben und mit seinen Händen zwischen ihre Schenkel gefasst hatte. Da war sie zur Besinnung gekommen. Sie hatte »Nein, nicht« gesagt und sich ihm entziehen wollen, doch er hatte sich nicht darum geschert. Stattdessen hatte er sie nur kurz aus seinem Griff entlassen, um sie rüde umzudrehen und mit dem Gesicht gegen die Mauer zu drücken. Dann hatte er sich wieder an ihren Unterröcken zu schaffen gemacht und ihr mit einem Ruck die Leibwäsche heruntergezogen, während er die ganze Zeit »smukes Mädchen« vor sich her murmelte. Es war alles so schnell gegangen, dass sie kaum gewusst hatte, was da mit ihr geschah. Das war erst der Fall gewesen, als sie einen kurzen scharfen Schmerz verspürt hatte, der ihr sagte, dass sie ab sofort keine Jungfrau mehr war und sie von einer Sekunde auf die andere stocknüchtern hatte werden lassen. Er hatte sich in sie hineingedrückt und immer schneller in ihr vor und zurück bewegt. Das Gemurmel war einem lauten und stoßweisen Atmen gewichen.

Vater Gott im Himmel, bitte verzeihe mir meine Sünde, hatte sie bei sich gedacht und gewartet, bis es vorbei war. Sie hatte nicht geschrien, sich nicht gewehrt, aber auch nicht genossen. Sie hatte sich in diesen letzten Minuten an der Hauswand einzig und allein still vor sich selbst geschämt und verachtet. So, wie auch jetzt. Zum wiederholten Mal fragte sie sich, wie sie es nur so weit hatte kommen lassen können. Doch wie immer hatte sie darauf keine Antwort. Dabei hatte Gertrud sie noch gewarnt! Erneut wanderten ihre Gedanken zu der Nacht zurück: In dem Moment, als der Matrose von ihr abgelassen hatte, hatte sie gespürt, wie ihr etwas Warmes die Schenkel hinunterlief. Sie hatte sich gefragt, ob es Blut war und von dem Schmerz herrührte, doch im Grunde hatte sie gewusst, dass dem nicht so war und sie sich dringend waschen sollte, um das Schlimmste zu verhindern – auch über solche Dinge hatten die älteren Mädchen in ihrem Heimatort geredet … Während sie sich daraufhin eilig ihre Wäsche hochgezogen und die Röcke hinuntergelassen hatte, hatte sie sich nicht von der Mauerwand weggedreht. Erst als sie alles notdürftig gerichtet hatte, drehte sie sich auf dem Absatz herum. Inzwischen war es dunkel geworden und in den Hausdurchgang war nur wenig Licht von den Straßenlaternen hineingefallen, dennoch hatte sie lediglich ein leichtes Nicken in die Richtung geschafft, wo sie Christians Schemen ausmachte. Kein Wort hatte sie herausgebracht, als sie dann aus dem Durchgang hinausgestürmt und die letzten 100 Meter bis zum Haus ihrer Herrschaft gelaufen war.

Lange Zeit hatte sie unter weiten Röcken ihre Schwangerschaft vor allen verbergen können. Nur die Köchin, mit der sie sich sehr gut verstand, hatte sie eingeweiht. Als ihr Babybauch dann aber kaum noch zu übersehen gewesen war, hatte die Köchin bei der Herrschaft, der diese schon seit etlichen Jahren diente, ein gutes Wort für sie eingelegt. Selber bereits mit vier Kindern gesegnet und das Fünfte unterwegs, hatte die Herrin ihren Mann überzeugen können, dass es nicht Gottes Wille sein würde, sie in diesem Zustand aus dem Haus zu jagen. So war sie in die Küche verbannt worden, um dort der Köchin zur Hand zu gehen, gleichzeitig aber als »Unzüchtige« nicht mehr von der Herrschaft gesehen werden zu müssen. Allerdings hatte die Herrin bestimmt, dass sie das Kind höchstens bis zu einem Alter von vier Monaten in ihrem Haus dulden würde, sonst müsste sie sich eine neue Stelle suchen. Als die Köchin ihr diese Botschaft überbracht hatte, war sie verzweifelt gewesen. Warum war die Herrin so hart? Sie hatte doch selbst Kinder! Und welche andere Herrschaft würde sie mit einem Baby einstellen? Für einen kleinen Moment hatte sie mit dem Gedanken gespielt, auf den Hof ihrer Eltern nach Ahrensburg zurückzukehren. Nahezu sofort hatte sie diese Idee aber wieder fallen lassen, da ihr Vater sie mit einem unehelichen Kind niemals aufnehmen würde – im Gegenteil, wahrscheinlich würde er sie grün und blau schlagen und was er mit dem Baby machen würde, daran mochte sie gar nicht denken. Und so hatte sie angefangen zu beten. Früher hatte sie es nicht immer so ernst genommen und manches Mal vor Müdigkeit gelassen, doch ab diesem Tag betete sie jeden Abend zu Gott und besuchte sonntags regelmäßig den Gottesdienst in der noch recht neuen Kreuzkirche am Hohenzollernring. Anders hatte sie sich nicht zu helfen gewusst.

Rund vier Monate später und nach wie vor ohne einen Plan für die Zukunft, am 19. Oktober 1902, hatte sie Wilhelm Karl in ihrer Kammer unter dem Dach mit Hilfe der Köchin und einer schnell herbeigerufenen Hebamme zur Welt gebracht. Sie würde dieses Datum niemals vergessen. Freilich hatte sie vorher trotz ihrer Gebete darüber nachgedacht, sich das Kind in ihrem Leib wegmachen zu lassen. Als sie es dann jedoch in ihren Armen gehalten hatte, war sie unendlich erleichtert, es nicht getan zu haben. Sie hatte noch nie zuvor so viel Liebe in sich gespürt und nachdem sie ihren kleinen Wilhelm zum Trinken an ihre Brust angelegt hatte, hatte sie sich geschworen, alles für ihn zu tun, was in ihrer Macht stand, und ihn niemals spüren zu lassen, unter was für einem unglücklichen Stern er entstanden war.

Trotzdem hatte sie, kurz nachdem der Junge drei Monate alt gewesen war, nach einer netten Familie für ihn gesucht. Wenn sie ihm schon kein ordentliches Leben bieten konnte, konnte es vielleicht jemand anderes. Und es war allemal besser für ihn, als zusammen mit seiner leiblichen Mutter in der Gosse zu landen, denn wie erwartet hatte sie keine Anstellung gefunden, wo sie mit Wilhelm gemeinsam unterkam. Darum hatte sie sein und ihr Schicksal notgedrungen in die Hand genommen und am 23. Januar 1903 im »General-Anzeiger für Hamburg-Altona« inseriert, dass sie »ein Kind zu eigen abgeben« wolle. Jetzt stand sie vor dem Hauseingang, den die Frau ihr genannt hatte, die auf ihr Inserat geantwortet hatte. Sie hoffte inständig, bald erneut hier zu stehen, denn ihr Ziel war es, entweder eine passende neue Stellung zu finden, bei der ihr Sohn zumindest geduldet wurde, oder einen gütigen Ehemann, der sie und Wilhelm trotz ihrer Verfehlung aufnahm. Irgendwie würde schon alles gut werden, doch das brauchte Zeit und die musste sie getrennt von ihrem kleinen Schatz überbrücken.

Sie schaute noch einmal kurz zum Himmel hinauf, schickte ein Stoßgebet zu Gott und drückte dann mit ihrer linken Schulter die schwere Haustür auf. Mit klopfendem Herzen betrat sie das Treppenhaus. Den Briefkästen nach zu urteilen wohnten hier zehn Mietparteien. Ihr Ziel war die linke Wohnung im Parterre.

Wilhelm regte sich jetzt stärker in ihren Armen und ihre Brüste liefen bereits durch den vermehrten Milcheinschuss über. Kurzentschlossen setzte sie sich auf die Treppenstufen, die zu den oberen Stockwerken führten. Wenn sie nicht aufpasste, dann würde er gleich mit lautem Schreien seine Mahlzeit einfordern. Behände schob sie das dicke Leinentuch aus Wilhelms Gesicht, das ihn draußen vor der Kälte geschützt hatte. Sie lächelte unwillkürlich, als sie in seine blauen Augen sah. Er hatte strohblonde feine Härchen auf dem Kopf, von denen ein paar unter seiner Kappe hervorlugten. Ob sie sich später locken würden, so wie die von seinem Vater? Kaum hatte sie sich diese Frage gestellt, verbot sie sie sich. Wie konnte sie nur so an Christian denken? Schließlich bat sie Gott in ihrem allabendlichen Gebeten nach wie vor um Vergebung dafür, diesen Irrweg eingeschlagen zu haben. Obwohl es ihr Leben wesentlich erschwerte, dankte sie dem Herrn dagegen auch gleichzeitig für das Geschenk, das für sie aus der Begegnung mit Christian hervorgegangen war. Ihr kleiner Wilhelm war ein wahrer Sonnenschein und sie tröstete sich damit, dass die Trennung von ihm vielleicht ja auch nur eine Prüfung von Gott war. Jetzt verzog Wilhelm vor Ungeduld sein kleines Gesicht. Sie beugte sich zu ihm herab und summte beruhigend vor sich hin. Tatsächlich entspannten sich seine Züge wieder, als er ihr Gesicht wahrnahm, doch dann begann er, aufgeregt mit seinen Armen und Beinen unter der Decke, in die sie ihn eingehüllt hatte, zu zappeln. Er wusste, was ihn gleich erwartete und war voll ungeduldiger Vorfreude. Sie musste schnell machen, sonst würde ihr kleiner Sohn doch noch anfangen zu schreien. Sie hielt ihn mit ihrem rechten Arm, entblößte im Dämmerlicht dieses fremden Treppenhauses mit der linken freien Hand ihre rechte Brust und hielt sie Wilhelm hin, der sogleich gierig zu saugen anfing. Würde ihr Kleiner in der Fremde auch genug zu essen bekommen? Wenigstens hatte sie ihn in den ersten Monaten seines Lebens gut ernähren können und er hatte ordentliche Speckröllchen – sie hatte ausreichend Milch und hätte gut und gern noch ein weiteres Kind füttern können. Ich werde es wiedergutmachen, schwor sie sich und ihrem Kind, nachdem sie es an ihre linke Brust angelegt hatte und es nach einigen Minuten abermals satt und zufrieden eingeschlafen war. Während des Stillens hatte sie leise Tränen vergossen. Jetzt wischte sie sich das Gesicht mit einem Zipfel des Tuches, in das Wilhelm eingewickelt war, ab, erhob sich von den Stufen und schritt langsam auf die ihr angegebenen Parterrewohnung zu. An der Tür, neben der ein einfaches Schild mit dem Namen »Wiese« angebracht war, betätigte sie den ebenso einfachen Türklopfer und als hätte sie dahinter gelauert, öffnete eine Frau mittleren Alters fast sofort mit den Worten: »Da sind Sie ja endlich! Ich habe schon gewartet!«

Die Frau war weder besonders klein noch auffallend groß, dennoch wirkte sie einschüchternd. Sie hatte dunkle Haare, die vor Fett bereits glänzten. Der Eindruck wurde noch von ihrer Frisur verstärkt – sie hatte die dünnen Strähnen streng zurückgekämmt, in der Mitte gescheitelt und am Hinterkopf zu einem straffen Knoten gebunden. Unter buschigen, fast schwarzen Brauen waren ihre tiefliegenden Augen umschattet von dunkelblauen Augenringen. Sie trug eine ausgewaschene Kittelschürze und reichte ihrem Gast nun die Hand: »Elisabeth Wiese und Sie müssen das Fräulein Klotsche sein. Kommen Sie rein.«

Fräulein Klotsche nahm die Hand entgegen, die sich sogleich grob um ihre schloss und kurz schüttelte.

»Ja, Klotsche, das bin ich. Guten Tag Frau Wiese«, sagte sie zurückhaltend. Sie hatte sich die schlanke Frau vor ihr, die sich ab jetzt an Mutters statt um ihren kleinen Wilhelm kümmern würde, anders vorgestellt. Nicht so verlebt und irgendwie herzlicher dreinschauend. Elisabeth Wiese hatte hingegen nichts Freundliches geschweige denn Herzliches an sich. Ihr Mund in dem großflächigen verbrauchten Gesicht war ein schmaler Strich und sah aus, als habe er sich noch niemals zu einem Lächeln verzogen und könne dies auch gar nicht. Fräulein Klotsche folgte Frau Wiese in den schmalen dunklen Flur, von dem einige Zimmer abgingen, deren Türen jedoch geschlossen waren. Die Wohnung war demnach recht groß und das Fräulein dachte bei sich, dass Frau Wiese trotz der Gegend, in der sie wohnte und ihrem Äußeren ihrem Wilhelm allem Anschein nach ein schönes Zuhause zu bieten hatte. Sie wünschte sich so sehr, dass ihr Baby es gut haben würde. Unwillkürlich drückte sie Wilhelm stärker an sich heran, während sie der Frau folgte.

Nur eine Tür stand offen, es war die zur Küche, in die Frau Wiese sie nun hineinführte. Es roch unangenehm nach Kohlsuppe und noch etwas anderem, dass Fräulein Klotsche jedoch nicht einordnen konnte. Am liebsten hätte sie auf dem Absatz kehrtgemacht, nur was dann?

»Ist das das Kind?«, fragte die Frau als sie beide nun in der Küche standen, und nickte in Richtung des noch immer in seine Tücher eingewickelten, schlafenden Babys auf ihrem Arm.

»Ja, das ist Wilhelm Karl«, antwortete sie mit brüchiger Stimme. Sie hatte Mühe, die wiederkehrenden Tränen zu unterdrücken. »Er schläft. Ich habe ihn grad gestillt und …«

»Ja, schon gut, dann lassen wir ihn mal schlafen und kümmern uns um die Förmlichkeiten«, wurde Fräulein Klotsche von Frau Wiese unterbrochen. Die Frau deutete flüchtig auf einen einfachen Schemel, der am Küchentisch stand, und das Fräulein setzte sich.

»Ich werde das Kind für eigen annehmen. Sie müssen es aber sofort hier abmelden, denn im Sommer werde ich es in meine Heimat bringen und dort taufen lassen«, fuhr die Wiese geschäftsmäßig fort, als wäre Wilhelm eine Ware und kein Mensch.

»Wo … wo ist das?«, fragte Fräulein Klotsche überrascht, da sie angenommen hatte, Wilhelm würde in Hamburg bleiben.

»In Bilshausen«, bekam sie zur Antwort.

»Bilshausen?« Sie hatte noch nie von einem Ort mit diesem Namen gehört.

»Das ist bei Göttingen«, erklärte Frau Wiese knapp und damit schien das Thema für sie erledigt.

Fräulein Klotsche hatte Durst – nach dem Stillen war das stets so bei ihr – doch sie wollte die Frau, die ab jetzt für ihr Kind sorgen würde, nicht um ein Glas Wasser bitten. Warum, konnte sie sich selbst nicht erklären. Vielleicht lag es daran, dass die Wiese auch nichts trank und jetzt direkt zum nächsten geschäftlichen Punkt überging, dem Finanziellen. Sie einigten sich auf eine Summe von 100 Mark für die Unterbringung und Pflege von Wilhelm, die das Fräulein Elisabeth Wiese zusammen mit der Abmeldung in den nächsten Tagen zukommen lassen würde. Das war nicht eben wenig Geld für sie und würde ihr gesamtes Erspartes aufbrauchen, aber für das Wohl ihres Sohnes wollte Fräulein Klotsche das gern zahlen – immerhin würde Frau Wiese sich um Wilhelm wie um ihr eigenes Kind kümmern, das hatte sie ihr im Laufe des Gesprächs auf ihre Nachfrage hin versichert. Und damit das Fräulein darüber hinaus nicht das Gefühl hatte, sie würde es mit einer Betrügerin zu tun haben und wusste, dass alles mit rechten Dingen zugehen würde, wollte Elisabeth Wiese der jungen Mutter dann auch eine Quittung über die 100 Mark ausstellen.

Fräulein Klotsche verließ die Wohnung in der Wilhelminenstraße mit gemischten Gefühlen und dem festen Willen, alles daran zu setzen, Wilhelm so schnell wie möglich wieder zu sich holen zu können.

»Es ist ferner zu erwägen, dass die Angeklagte den Müttern stets den Vorschlag machte, die Kinder gegen eine einmalige größere Abfindungssumme als eigen annehmen zu wollen. Allein nur sehr wohlhabende Leute, denen der Kindersegen versagt ist, pflegen Kinder als eigen anzunehmen, nicht aber Leute vom Schlage der Angeklagten, die sich in steter Geldverlegenheit befunden hat.«

(aus dem Plädoyer von Staatsanwalt Dr. Hollender
im Prozess gegen E. Wiese, 1904)

5. VERZWEIFLUNG
FEBRUAR BIS MÄRZ 1903

Heinrich Wiese kannte die Frau nicht, die vor seiner Wohnungstür stand und gerade den Türklopfer betätigte. Als er jetzt hinter sie trat, drehte sie sich zu ihm um. Sie sah noch recht jung aus. Vielleicht etwas älter als Paula.

Es war Mitte Februar und am frühen Morgen hatte Wiese die Wohnung nach einem heftigen Streit mit seiner Frau verlassen. In der Nacht hatte er ein Rasiermesser unter dem Kopfkissen seiner Frau gefunden. Er war davon wachgeworden, wie sie aus dem gemeinsamen Bett aufgestanden war und die Wohnung verlassen hatte – wahrscheinlich, um den Abort aufzusuchen. Verschlafen hatte er sich im Bett ausgestreckt und dabei war seine Hand unter ihr Kissen gelangt. Er hatte etwas hartes schmales gefühlt, und sofort war er hellwach gewesen. Er hatte es hervorgezogen, sich im Bett aufgesetzt, die Nachttischlampe angeschaltet und voller Wut das eingeklappte Rasiermesser in seiner Hand begutachtet. Elisabeth hatte schon einmal versucht, ihn mit dem Rasiermesser zu verletzen. Nein, kaltzumachen, hatte er sich selbst korrigiert und war aufgestanden um sie zur Rede zu stellen, wenn sie wieder in die gemeinsame Wohnung kam. Das letzte Mal, als sie ihn mit dem Messer bedroht hatte, hatten sie Streit gehabt, dieses Mal aber nicht. Sie hatte gestern beim Zubettgehen sogar die Beine seit längerer Zeit mal wieder für ihn breit gemacht. Gut, sie hatte sich etwas geziert, weil er direkt aus der Kneipe zu ihr ins Bett gestiegen war und ihrer Meinung nach »stank, wie ein Brauereipferd, das in die Jauchegrube gefallen ist«. Ihm war ihre Schimpftirade egal gewesen. Er hatte Lust gehabt und sie war seine Frau. Was gab es da also zu diskutieren, hatte er gefunden. Er hatte sich auf sie gewälzt, sie dadurch in die Matratze gedrückt, und ihr Baumwollhemd hochgezogen, um zwischen ihre Oberschenkel zu gelangen. Elisabeth hatte sich gesträubt wie eine Jungfrau. Sie hatte versucht, ihn wegzutreten und er hatte grob werden müssen, um zum Schuss zu kommen. Danach hatte er sich von ihr herunter zur Seite gedreht und sie war wortlos aufgestanden, während er zufrieden eingeschlafen war. Ob sie da das Rasiermesser geholt hatte? Die alte Schlange!

Als sie dann in der Nacht vom Lokus zurückgekommen war und ihn im Bett mit dem Rasiermesser gesehen hatte, war sie im Türrahmen stehen geblieben und hatte ihn abschätzig angesehen. Wie er diesen Blick hasste. Noch immer kam ihm die Galle hoch, als er jetzt daran dachte. Sie hatte den Mund aufgemacht und wie ein Fischweib herumgekeift. Noch immer mit dem Rasiermesser in der Hand war er drohend aufgestanden und auf sie zugegangen, doch sie hatte keine Angst vor ihm gezeigt. Im Gegenteil hatte sie ihren Holzpantoffel vom Fuß gezogen und gegen ihn erhoben. Er hatte es nicht drauf ankommen lassen wollen, alldieweil er noch müde gewesen war. Als er das erste Mal das Rasiermesser gefunden hatte, war er im gemeinsamen Bett geblieben, hatte jedoch kein Auge zumachen können, weil er seiner Frau nicht traute. Das hatte er nicht noch einmal machen wollen. So hatte er sich trotz seiner müden Glieder seine Hose geschnappt, sich einen harten Schlag mit dem Pantoffel auf seinen Kopf eingehandelt, als er sich an ihr vorbeigedrängt hatte, war im Flur in seine Hose geschlüpft und nach unten in die Kneipe gegangen. Nach zwei Korn war er in seiner Stammecke mit dem Kopf auf dem Tisch wieder eingeschlafen. Der Wirt kannte das schon und hatte ihn ruhen lassen. Er war erst eben wieder aufgewacht, als die Hafenarbeiter nach ihrer Schicht lautstark in die Kneipe eingefallen waren, um ihre belegten Fisch- oder Mettbrötchen zu frühstücken und sie mit einem guten Holsten Bier herunterzuspülen. Manchmal gesellte er sich zu ihnen, doch heute war er in der Hoffnung, Elisabeth sei unterwegs, nach Hause gegangen, um sich dort noch etwas aufs Ohr zu legen. Daraus schien erst einmal nichts zu werden, denn jetzt fragte die junge Frau vor seiner Tür: »Wohnen Sie hier? Ich möchte zu Elisabeth Wiese.«

»Ich bin ihr Mann«, brummte er und öffnete die Wohnungstür.

Die Frau hatte nicht wie die anderen, die hier immer mal wieder antanzten, ein Bündel im Arm. Entweder war sie also eine, die ihr Kind noch im Bauch trug und Elisabeth um Abhilfe bitten wollte, oder sie hatte ihr

Kind bereits bei seiner Frau abgegeben und brachte nun das Geld dafür vorbei. Vielleicht wollte sie sich auch als Untermieterin vorstellen, doch gegenwärtig hatten sie gar kein Zimmer frei und er hatte nicht gehört, das in nächster Zeit jemand bei ihnen ausziehen wollte. Allerdings musste das nichts heißen, da sich Elisabeth um diese Dinge kümmerte und sie in der Regel nicht mit ihm besprach. Das war ja wiederum das Gute an Elisabeth und einer der Gründe, warum er es doch noch mit ihr aushielt: Obwohl es ein ewiges Thema zwischen ihnen beiden war, wusste sie, wie man zu Geld kam.

»Elisabeth, E-li-sa-beth«, rief er nun in die Wohnung hinein, »Besuch für dich.«

Nach einer kleinen Weile öffnete sich die Tür zur Guten Stube und seine Frau kam herausgeschlurft. Sie wirkte verschlafen und er nahm an, dass sie ein Nickerchen auf der Couch gemacht hatte, auf der Paula noch vor zwei Jahren ihre Freier beglückt hatte. War das schon wieder so lange her? Er vermisste seine Stieftochter, aber dennoch freute er sich, dass sie jetzt in England ihr eigenes Leben lebte und diesem grauen Alltag hier in Hamburg-St. Pauli entkommen war.

»Wer isses denn?«, wollte Elisabeth jetzt wissen und da er ihr keine Antwort geben konnte blickte er fragend die junge Frau an, die noch immer im Türrahmen stand.

»Ich bin es Frau Wiese, Fräulein Klotsche«, rief die Frau in den langen dunklen Flur hinein und drängte sich an ihm vorbei, sodass sie Elisabeth gegenüberstand, allerdings lag ein Abstand von knapp drei Metern zwischen ihnen.

»Ach, das ist ja eine Überraschung«, meinte Elisabeth nach einer kleinen Weile des Zögerns und setzte sich genauso zögerlich in Bewegung, um auf den Besuch zuzugehen. Den unerwarteten Besuch stellte Heinrich Wiese, der die ganze Szene interessiert beobachtete, vor sich selbst richtig.

»Moin, Fräulein … Fräulein Klotsche, stimmt's?«, sagte Elisabeth dann und setzte ein überaus freundliches Lächeln auf. Mit ausgestreckter Hand trat sie auf die Frau zu, wobei sie das falsche Lächeln beibehielt. »Wie kann ich Ihnen weiterhelfen?«

Heinrich wunderte sich über seine Frau. Was hatte sie nun wieder verbrochen? So, wie sie eben reagiert hatte, kannte er sie nur aus der Zeit in Hannover, als die Polizei sie wegen ihrer Delikte befragt hatte, um sie dann am Ende für eine Weile einzubuchten.

»Ich würde Wilhelm gern sehen«, erklärte die junge Frau, die Elisabeth eben Fräulein Klotsche genannt hatte. Neugierig blieb Heinrich Wiese im Flur stehen. Das konnte jetzt hier spannend werden. Das Fräulein war also wirklich wegen eines Kindes hier. Allerdings befand sich seines Wissens gerade keines in der Wohnung. Elisabeth verdiente immer mal wieder zusätzliches Geld mit der Vermittlung von Kindern. Seit Paula weg war, hatte dieses Geschäft enorm zugenommen. Er wusste nicht, wohin sie die Kinder vermittelte und es interessierte ihn auch nicht, er war nur jedes Mal froh, wenn in der Wohnung gerade kein Baby herumquengelte und ihn in seiner Ruhe störte, denn vor allem in letzter Zeit hatten die Mütter, die ihre Kinder loswerden wollten, sich hier die Türklinke in die Hand gegeben. Gegen das Geld hatte er allerdings nichts, vor allem, weil er mit den Blagen nichts zu schaffen hatte, das machte alles Elisabeth.

»Oh, das tut mir leid, das wird nicht gehen. Sie wissen doch, dass Wilhelm in meiner Heimat bei meiner Schwester ist. Ein ganz süßer Fratz der Kleine«, antwortete Elisabeth verbindlich, nahm das Fräulein am Ellbogen und wollte sie allem Anschein nach auf diese Weise wieder unmerklich die wenigen Schritte zur Wohnungstür geleiten.

»Ja, aber ich dachte …«, begann das Fräulein mit betrübter Miene, »ich dachte, er wäre vielleicht doch noch hier in Hamb…«

»Na, also das ist ja nun etwas her, dass Sie ihn gebracht haben. Und wissen Sie, ich stehe zu meinem Wort. Und es war ja auch mit Ihnen so vereinbart, dass ich ihn nach Bilshausen gebe. Dort geht es ihm ganz sicher wunderbar, sie müssen sich keine Sorgen machen«, unterbrach Elisabeth die Mutter nach wie vor lächelnd, doch Heinrich sah an ihrem hin und her huschenden Blick, dass sie mit jedem Wort nervöser wurde. Und was faselte sie da von ihrer Schwester? Soweit Heinrich wusste, hatten die beiden seit Ewigkeiten keinen Kontakt mehr.

»Holen sie ihn wieder nach Hamburg oder geben Sie mir die Anschrift Ihrer Schwester und ich hole ihn selbst zurück«, sagte nun Fräulein Klotsche bestimmt.

»Wozu wollen Sie den Kleinen mit einem Besuch von Ihnen verwirren. Er ist glücklich, wo er ist«, erwiderte Elisabeth Wiese beruhigend und als Zeichen, dass das

Gespräch damit für sie beendet war, wendete sie sich von dem Fräulein ab, drehte sich jedoch sofort wieder hin, als es nun sagte: »Frau Wiese, ich verlange von Ihnen die Anschrift! Meine Lebensumstände haben sich geändert, ich möchte Wilhelm zurück zu mir holen!«

*

Erst als sie aus dem Haus wieder draußen und um die Ecke der Wilhelminenstraße in das Getümmel der Reeperbahn eingebogen war, ließ sie ihre Tränen zu. Sie hatte schon als sie zum ersten Mal hier gewesen war gewusst, dass sie einen folgenschweren Fehler machte. Warum hatte sie es dennoch getan? Warum hatte sie Wilhelm dieser Frau überlassen? Ob sie ihn jemals wiedersehen würde? Dabei hatte sie sich so gefreut, als Paul ihr den Antrag gemacht und im selben Augenblick gesagt hatte, er würde sich auch gern an Vater statt um Wilhelm kümmern und sie solle ihn doch zurückholen. Paul war der Sohn des Gemüsehändlers, bei dem sie auf dem Markt einkauften. Normalerweise hatte die Köchin sich ihren Marktbesuch nicht nehmen lassen, doch dann hatte sie sich den Fuß gebrochen und sie musste den Marktgang übernehmen. Sie hatte sofort bemerkt, dass Paul ein Auge auf sie geworfen hatte und auch sie selbst war angetan von dem großen jungen Mann, der an einen gutmütigen Bären erinnerte. Es war alles ganz schnell gegangen. Bald hatte er sie um ein erstes Treffen gebeten, woraus schnell regelmäßige Verabredungen wurden. Sie fühlte sich wohl in Pauls Nähe. Als er sie einmal fragte, warum ihre Augen fortwährend so traurig schauen würden, hatte sie ihm von Wilhelm erzählt. Sie hatte sich selbst darüber gewundert, aber es war ganz leicht gewesen, denn Paul hatte ihr einfach nur zugehört. Unter welchen Umständen ihr Sohn entstanden war, hatte sie allerdings weniger ausführlich geschildert, aber das hatte der Gemüsehändlersohn anscheinend auch gar nicht so genau wissen wollen. Zumindest hatte er sie nicht bedrängt, mehr darüber zu sagen. Und jetzt hatte Paul ihr vor wenigen Tagen einen Heiratsantrag gemacht und wollte, dass sie Wilhelm zu ihnen holte. Sie würden alle zusammen auf dem kleinen Familienhof bei Jork wohnen, kurz hinter Hamburgs Grenzen, auf dem auch seine Eltern und sein Bruder mit seiner Frau und den Kindern lebte. Da sie selbst vom Land kam, wusste sie, wo und wie man zupacken musste und sie hatte sich darauf gefreut.

Es hatte sich alles so wunderbar ergeben, aber jetzt war Wilhelm nicht mehr da! Und wieso hatte die Wiese nicht die Adresse ihrer Schwester herausgerückt? Denn ganz gleich wo er war, Fräulein Klotsche würde Wilhelm von überall her abholen. Hauptsache, sie hatte ihren Sohn bald wieder!

Noch immer liefen Fräulein Klotsche die Tränen die Wangen hinunter. Sie blieb stehen, stellte sich ein wenig abseits vom Gehweg in einen Hauseingang, zog ihr Taschentuch aus der Schürze und putzte sich ausgiebig die Nase. Wem hatte sie da bloß ihr Kind anvertraut? Warum hatte sie nicht noch mehr Frauen besucht, sondern gleich die Erstbeste genommen, die sich auf ihre Anzeige gemeldet hatte, fragte sie sich ein weiteres Mal. Fräulein Klotsche kannte die Antwort, doch das machte es nicht besser: Sie hatte einfach den Schmerz, sich von Wilhelm trennen zu müssen, so gering wie möglich halten wollen. Sie hatte sich vorgemacht, wenn sie erst lange nach einer Pflegemutter für ihn suchen würde, würde es auch den Schmerz verlängern. Heute war sie klüger, denn natürlich hatte der Schmerz nicht nachgelassen, als sie Wilhelm bei Elisabeth Wiese abgegeben hatte.

Was sollte sie nur tun? Ob sie einfach in dieses Bilshausen reisen sollte, um dort direkt nach ihrem Sohn zu suchen? Es war sicherlich nicht groß, wahrscheinlich in etwa so wie ihr Heimatort Ahrensburg oder sogar kleiner. Wenn sie dort herumfragte, würde sie zweifellos bald die Schwester von Elisabeth Wiese ausfindig machen und dann auch ihren Wilhelm – falls er wirklich dort war.

Schon eben, in der Wohnung, waren Fräulein Klotsche Zweifel gekommen. Und jetzt kehrten sie zurück und breiteten sich in ihrem Kopf aus, sodass noch nicht einmal mehr Platz für Traurigkeit in ihr war und ihre Tränen versiegten. Sie setzte sich wieder in Bewegung. Im Gehen konnte sie besser denken. Das war schon immer so gewesen. Nach ein paar Schritten stellte sie jedoch fest, dass es dieses Mal nicht funktionierte. Die Gedanken stoben in ihrem Kopf wild durcheinander. Fräulein Klotsche ging dennoch weiter und konzentrierte sich angestrengt. Um sich herum bekam sie kaum mehr etwas mit und ihre Schritte folgten einfach dem

Fußgängerstrom, ohne ein Ziel zu haben. Es tat gut und tatsächlich hatte sie bald ihre Gedanken wenigstens so weit geordnet, dass sie sie in zwei Lager aufteilen konnte. Die eine Seite wollte glauben, dass es Wilhelm gut ging und er es in seinem neuen Zuhause besser hatte, als mit einem Leben bei ihr, in dem sie tagein tagaus arbeiten müsste und sich kaum um ihn kümmern könnte. Die andere Seite flüsterte ihr immerzu ein, dass Elisabeth Wiese gelogen hatte oder die Frau zumindest etwas verbarg und Wilhelm alles andere als in guten Händen war. Fräulein Klotsche wusste selbst nicht, wie sie darauf kam. Sie hatte keinerlei Beweise dafür. Es war nur so ein Gefühl, aber konnte sie diesem Gefühl trauen oder entsprang es lediglich ihrem überaus schlechten Gewissen, ihren Sohn weggegeben zu haben? Nein, jedenfalls nicht nur, gab das Fräulein sich selbst zur Antwort. Elisabeth Wiese war anders gewesen als bei ihrem letzten Besuch. Irgendwie unruhig. Und nicht so selbstbewusst und einschüchternd. Fräulein Klotsche wurde den Eindruck nicht los, dass die Frau, der sie Wilhelm anvertraut hatte, etwas vor ihr geheim gehalten hatte. Was für einen Grund sollte es sonst geben, dass sie ihr nicht die Adresse ihrer Schwester gegeben hatte?

Fräulein Klotsche verlangsamte ihre Schritte und grübelte weiter. Als sie der Wiese Wilhelm übergeben hatte, hatte sie keinen Augenblick daran gezweifelt, dass Elisabeth Wiese den Beruf der Kostgeldmutter rechtmäßig ausübte. Was war, wenn das nicht so war? Was, wenn die Wiese Kinder in die Sklaverei verkaufte? Zwar war Kinderarbeit bis zu einem gewissen Grad nicht erlaubt, aber die meisten Fabrikanten in der Stadt und die Bauern auf dem Land – gerade die, das wusste das Fräulein ganz genau – ließen gern Kinder für sich arbeiten. Vor allem wenn es Waisen waren, wurden Kinder nicht wie so mancher erwachsener Arbeiter aufmüpfig und sie waren äußerst billig. Sie hatte gehört, dass solche Kinder oft nur eine Suppe und einen Schlafplatz als Entlohnung bekamen. Das Fräulein schlug sich mit der Hand auf den Mund, damit sie vor Entsetzen nicht laut losschrie. Ob Wilhelm irgendwo bei einem Bauern gelandet war und der ihn jetzt hielt wie einen jungen Ochsen, damit der Kleine später für ihn ackern ging? Sie spürte den Druck hinter ihren Augäpfeln und schluckte, um die wieder aufkommenden Tränen im Zaum zu halten. Sie wollte jetzt nicht weinen, sie musste nachdenken und da waren Tränen aus Verzweiflung hinderlich.

Sie blieb stehen, schniefte einmal und dann hob sie ihren Kopf, den sie die ganze Zeit über auf den Boden gesenkt hatte. Sie stellte fest, dass sie im Kreis gegangen war und irgendwo die Hauptstraße überquert haben musste. Sie blickte umher und machte ein Straßenschild aus. Sie stand auf dem Spielbudenplatz, weiter unten lag »Hornhardts Etablissement«, die Wirtschaft, in der sie Wilhelms Vater kennengelernt hatte. Ihr Magen krampfte sich zusammen und schnell schaute sie sich weiter um. Ihr schräg gegenüber lag die Straße, in der Elisabeth Wiese wohnte, doch zwischen der Wilhelminenstraße und ihr befand sich die breite Reeperbahn. Sollte sie noch einmal zurückgehen und die Frau anflehen, ihr die Adresse zu geben, wo Wilhelm nun wohnte? Sie setzte einen Fuß vor, doch mit einem Mal erschien die Hauptstraße dem jungen Fräulein unüberwindbar, obwohl der Verkehr aus Droschken und ein paar Automobilen ihr immer wieder eine Lücke bot, sie zu überqueren.

Fräulein Klotsche blieb unschlüssig stehen. Ihr Herz pochte voller Schmerz und nun verschwamm doch alles vor ihren Augen. Sie würde bei der Frau nichts ausrichten. Das ahnte sie, aber wer, wenn nicht Elisabeth Wiese selbst, würde ihr helfen können, Wilhelm wieder zu sich zurückzuholen? Vielleicht könnte sie Paul bitten mit der Kostgeldmutter zu sprechen. Paul war schon durch seine Statur eine respekteinflößende Person. Schlagartig kam ihr ein anderer Gedanke. Sie könnte mit der Wiese verhandeln! Ja, genau, das war es! Sie könnte Elisabeth Wiese Geld bieten. Warum war sie nicht schon eben darauf gekommen, als sie noch bei ihr in der Wohnung gewesen war? Egal, sie würde einfach noch einmal zurückgehen. Ja, genauso würde sie es machen. Paul würde ihr sicher das Geld leihen und wenn Wilhelm erst wieder da war und sie beide verheiratet, dann würde sie ihm die beste Ehefrau sein, die ein Mann sich nur wünschen konnte.

Fräulein Klotsche raffte ihre Schultern und wollte gerade vom Gehweg auf die Reeperbahn treten, als sie der durchdringende Ton einer Trillerpfeife zurückschrecken ließ. Fast wäre sie in ihrem plötzlichen Eifer einem trabenden Pferd vor die Hufe gelaufen und nur das Trillern seines Reiters hatte sie vor einem Unfall bewahrt! In ihren Ohren rauschte es und sie hörte nur, wie der

Reiter, der sein Pferd nicht gestoppt hatte, ihr etwas zurief, doch was es war, konnte sie sich nur denken. Der Reiter war ein berittener Polizist und während sie ihm noch etwas benommen hinterherblickte, blitzte ein Gedanke in ihr auf, der viel besser war, als zu verhandeln. Gott hatte ihr durch diese kurze Begegnung ein Zeichen gesendet, da war sie sich in diesem Augenblick hundertprozentig sicher.

Eilig trat sie vom Kantstein zurück und machte sich auf den Weg in die Hamburger Neustadt, an deren Anfang das Stadthaus stand, das Gebäude, in dem die Polizei untergebracht war. Die konnte ihr bestimmt helfen, ihren Jungen bald wieder bei sich zu haben. Zumindest war es einen Versuch wert. Warum war sie nicht früher darauf gekommen?

*

Martha Blanck waren die Tränen hinabgelaufen, als sie die Anzeige aufgegeben hatte. Ebenso hatte sie an dem Tag, als sie die Frau traf, die sich auf die Anzeige hin bei ihr gemeldet hatte, weinen müssen. Doch wie sie nun am eigenen Leib erfuhr, war das noch gar nichts gewesen, denn im Moment heulte sie wie ein Schlosshund und schluchzte so erbärmlich, als ob sie ihr Kind begraben und nicht in eine bessere Zukunft abgeben würde. Sie hatte wirklich alles in Erwägung gezogen, aber es war einfach nicht anders machbar.

Jetzt, in diesem Augenblick fühlte es sich an, als würde dem Dienstmädchen das Herz herausgerissen werden, so sehr gehörte die Kleine zu ihr. Bertha war erst vor knapp drei Wochen am 26. Februar geboren, heute schrieben sie den 12. März 1903. Beide Daten würde Martha wohl nie vergessen.

Bei ihrem ersten Treffen vor ein paar Tagen, hatte sie mit Frau Wiese ausgemacht, dass diese ihre Bertha gegen eine einmalige Zahlung von 120 Mark annehmen würde. Das Geld hatte Martha Blanck der Frau vorhin gegeben, dann waren sie gemeinsam nach Harburg aufgebrochen. Bertha sollte hier zunächst für drei Monate zur Pflege untergebracht werden und dann würde Frau Wiese die notwendigen gerichtlichen Schritte unternehmen, um die Kleine auf ihren Namen umschreiben zu lassen. Gegenwärtig saßen sie alle in der Küche von Frau Wülfing. Sie war die Pflegemutter, die sich in den nächsten Monaten um Bertha kümmern wollte. Eben hatte Martha Blanck der Frau noch immer schluchzend ihre Tochter übergeben – Bertha war auf ihrem Arm eingeschlafen und auch nicht aufgewacht, als sie von Frau Wülfing entgegengenommen worden war. Den kleinen Sack mit Babysachen hatte Martha Blanck schon vorhin in die Ecke gestellt.

»Hier sind die 20 Mark für diesen Monat«, sagte nun Elisabeth Wiese, schob der anderen Pflegemutter das Geld über den Küchentisch zu und erhob sich mit einem Blick auf Martha.

»Wie ausgemacht bekommen Sie nun jeden Monat 20 Mark Kostgeld für das Kind«, wandte sie sich wieder an Frau Wülfing, die das Geld eingesammelt hatte und ebenfalls aufstand. »Und dann wollen wir mal weitersehen. Ich kriege von der Entbindungsanstalt regelmäßig Kinder, um sie in guten Familien unterzubringen, doch das dauert immer seine Zeit und dafür brauche ich Pflegemütter wie Sie. Sozusagen zur Überbrückung. Ich kann schließlich nicht alle bei mir aufnehmen und Sie glauben ja gar nicht, wie viele Mütter ihre Kinder abgeben. Dennoch ist es besser, wenn Sie das Mädchen hier, wie heißt es noch? Bertha? Ja, wenn Sie Bertha vorübergehend bei sich in Harburg melden. Das macht alles einfacher. Frau Blanck, haben Sie die Abmeldungspapiere dabei, so wie ich es Ihnen gesagt habe?«, bezog Elisabeth Wiese mit ihrem letzten Satz Martha wieder in das Gespräch mit ein. Zuvor hatte die junge Mutter das Gefühl gehabt, die beiden anderen Frauen hätten sie bei der Geschäftemacherei vergessen. Ihr war es ganz recht gewesen, sie wollte nur noch aus dieser Wohnung hinaus und alle Erinnerungen an diesen Handel und ihr Kind hinter sich lassen. Inzwischen liefen ihr auch nicht mehr die Tränen hinunter, nur ihre Kehle machte dauernd einen kleinen Hüpfer, bevor sie sich für einen Moment zuzog.

»Ja, hab ich«, brachte sie hervor, nachdem sie sich geräuspert hatte. »Die ... Berthas Papiere sind in dem Sack mit ihren Sachen«, antwortete sie. Dann stand auch Martha auf, schenkte ihrer Tochter einen letzten Blick und verließ fluchtartig die Küche. Erst an der Wohnungstür blieb sie stehen und wartete auf Elisabeth Wiese, die sich jedoch Zeit ließ. Das Dienstmädchen hörte noch, wie die Wiese zu der Wülfing sagte: »Tz, diese jungen Dinger. Erst lassen sie sich ein Kind andrehen, dann wollen sie es nicht behalten und am Ende können sie es nicht ertragen, wenn es in bessere Hände als ihre kommt. Na, wenigstens verdienen wir mit.«

Frau Wülfing erwiderte etwas, doch Martha konnte nicht hören, was es war und sie wollte es auch gar nicht. Blitzschnell drehte ihre Hand den Türknauf und dann stolperte sie mehr als sie lief durch das Treppenhaus hinunter auf die Straße.

»Die Behörde war jahrelang aufs eifrigste bemüht, durch Ausschreibung von hohen Belohnungen in den Zeitungen und Fachblättern des In- und Auslandes den Verbleib der verschwundenen Kinder zu ermitteln, es gelang aber nicht, auch nur eine Spur zu entdecken.«

(Hugo Friedländer zu den polizeilichen Ermittlungen im Fall Elisabeth Wiese, 1910)

6. VERDACHT
APRIL 1903

»Was denken Sie sich eigentlich?«, hatte die Wiese ihr eben noch wutentbrannt hinterhergerufen. Ihr war es egal gewesen und sie war der Frau, der sie eben gerade Bertha Blanck zurück gebracht hatte, eine Antwort schuldig geblieben. Stattdessen war sie hocherhobenes Hauptes und ohne die Wiese noch eines Blickes zu würdigen, aus der Wohnung gegangen. Weil es höchstwahrscheinlich war, dass die Wiese ihr von einem Fenster aus hinterherblickte, stolzierte sie jetzt noch immer erhobenen Hauptes die Wilhelminenstraße hinunter. Ihr Ziel war die Bushaltestelle und am liebsten hätte sie mit den Füßen aufgestampft, doch sie riss sich zusammen, um der Wiese keine Genugtuung zu bereiten, wenn diese tatsächlich wie erwartet aus dem Fenster spähte. Dieses olle Mistweib. Das würde sie ihr büßen! Immerhin verdiente sie sich mit der Pflege von Kostkindern ihren Lebensunterhalt und sie konnte es sich nicht leisten, eines einfach nur aus reiner Menschenliebe durchzufüttern. Darum hatte Frau Wülfing Elisabeth Wiese heute aufgesucht: Sie hatte das ihr zustehende und versprochene Geld eingefordert. Als Elisabeth Wiese ihr mit der Mutter zusammen das Kind übergeben hatte, hatten sie per Handschlag besiegelt, dass sie monatlich 20 Mark für die Kostkindbetreuung bekommen würde. Die für den letzten Monat, hatte die Wiese ihr neulich direkt gegeben, doch selbst nach mehrmaligem freundlichen Auffordern, hatte die Frau ihr das Kostgeld für Bertha Blanck für diesen Monat noch nicht zugestellt. Das Geld war am 12. fällig gewesen, heute hatten sie den 17. April. Das waren fünf Tage, die Frau Wülfing hatte überbrücken müssen. Gut, sie war in den letzten Tagen nicht verhungert und würde das auch in der nächsten Zeit nicht tun. Dennoch konnte sie es nicht riskieren, mit jemand unzuverlässigem zusammenzuarbeiten. Vor allem war es nicht das erste Mal, dass die Wiese sich so verhielt. Das wusste Frau Wülfing von Frau Fischer, die wie sie selbst in Harburg wohnte und durch ihre Vermittlung ebenfalls für die Wiese ein Kind in Obhut genommen hatte. Das kleine Schultze Baby. Als die Wiese ihr das Kostgeld für das Kind nicht zahlte, hatte Frau Fischer es jedoch unlängst bei ihr vorbeigebracht und dagelassen. Frau Wülfing hatte nichts dagegen gesagt, weil sie Frau Fischer gegenüber ein schlechtes Gewissen gehabt hatte und es sowieso nur eine vorübergehende Lösung gewesen war. Sie hatte gewusst, dass das Schultze Kind demnächst von Herrn und Frau Küsel übernommen werden sollte und so war es dann auch geschehen.

Das Schultze Kind war fast im selben Alter wie Bertha Blanck – glücklicherweise bekamen die kleinen Dinger dieses ganze Theater um sie noch nicht wirklich mit.

Von Weitem sah Frau Wülfing bereits die Haltestelle. Sie nestelte in ihrer Tasche nach ein paar Münzen für den Fahrschein und dachte dabei wieder an die Dreistigkeit von Elisabeth Wiese. Die Frau hatte ihr noch nicht einmal eben, als sie sich Auge in Auge gegenübergestanden hatten, das Geld für die Kleine gegeben. Frau Wülfing machte innerlich drei Kreuze, dass sie als in Harburg gemeldete und damit offiziell anerkannte Pflegemutter nicht auf die Wiese angewiesen war, um an Kostkinder heranzukommen. Dennoch hatte es sie natürlich gereizt, als die St. Paulianerin ihr gesagt hatte, dass sie seit Neuestem von der Hamburger Entbindungsklinik regelmäßig Kinder bekam. Frau Wülfing hatte sich zwar gewundert, warum die Frau selbst keine Kinder und wenn höchstens mal für eine kurze Zeit bei sich zur Pflege aufnahm, sondern nur weitervermittelte, aber Elisabeth Wiese hatte ihr erklärt, dass ihr Mann das Kindergeschrei nicht ertragen würde und deswegen suche sie vorübergehende Plätze für die Kleinen, bis sie kinderlose Adelige und wohlhabende Bürgerfamilien im benachbarten Ausland für diese gefunden hatte. Für Frau Wülfing hatte das plausibel geklungen, aber jetzt begann sie tief in ihrem Inneren daran zu zweifeln. Warum, konnte sie sich selbst nicht recht erklären, es war nur so ein Gefühl. Vielleicht lag es daran, dass sie sich sicher war, dass Elisabeth Wiese sie belogen hatte. Denn eben gerade, als Frau Wülfing die Frau in ihrer Wohnung wegen des Geldes zur Rede gestellt hatte, hatte diese frech behauptet, Berthas Mutter hätte ihr das Geld noch nicht gegeben und deswegen könne sie es wiederum ihr nicht geben. Frau Wülfing wusste, dass das nicht stimmte. Das hatte sie mitbekommen, als die beiden ihr einen Monat zuvor die kleine Bertha gebracht hatten, aber Elisabeth Wiese beharrte hartnäckig darauf, dass Frau Wülfing das falsch verstanden haben müsse. Dann sagte sie, dass es sowieso egal wäre, weil Bertha eh jetzt nach England zu einer Dame käme, die das Kind haben wollte. Diese Dame wäre gerade in Hamburg und wollte die Kleine mitnehmen. Allerdings sollte Bertha trotzdem noch in Harburg bei Frau Wülfing gemeldet bleiben. Das wäre einfacher für alle und in England brauchte das Mädchen sowieso keine Papiere. Frau Wülfing hatte auf diese Worte sofort reagiert und der in diesem Moment sprachlosen Wiese Bertha in die Arme gedrückt. Nachdem sie der Kleinen noch einmal einen kurzen entschuldigenden Blick zugeworfen hatte, hatte Frau Wülfing auf dem Absatz kehrtgemacht und die Wohnung der Wiese verlassen. Jetzt, hier unten auf der Straße an der frischen Luft wurde ihr erst bewusst, was die Wiese genau gesagt hatte. Warum brauchte Bertha Blanck in England keine Papiere?

*

Er starrte dem Kaiser direkt in die Augen und trommelte dabei mit seinen schlanken Fingern auf die Akte, die vor ihm auf seinem Schreibtisch lag. Sie enthielt zwei Anzeigen zu ein- und derselben Person, die kurz hintereinander im Stadthaus eingegangen waren. Beide Anzeigen hatten etwas mit Säuglingen zu tun. Zwischen den Anzeigenstellern bestand keine persönliche Verbindung, das hatte der Wachtmeister klugerweise festgehalten, als die zweite Anzeige gemacht worden war.

Die erste Anzeige von einem Fräulein Klotsche war bisher nicht wirklich verfolgt worden. Fräulein Klotsche hatte ausgesagt, dass ihr Kind von einer gewissen Elisabeth Wiese, geborene Berkefeldt, verschleppt worden sei. Das Fräulein hatte den Hinweis gegeben, dass ihr Kind in Bilshausen zu finden sein könnte. Tatsächlich hatte einer der Beamten aus dem Stadthaus mit den Kollegen vor Ort Kontakt aufgenommen und wieder ein paar Tage später in der Akte vermerkt, dass kein Wilhelm Klotsche in Bilshausen wäre, auch kein anderes fremdes Kind und die Babys, die im Ort wären, seien ihren leiblichen Eltern zuordenbar. Mehr war bisher nicht geschehen.

Noch immer waren die Augen von Staatsanwalt Dr. Carl Hollender auf das Porträt von Kaiser Wilhelm gerichtet, doch es nützte nichts, der Kaiser schickte ihm heute keine Eingebung. Er musste sich also auf seine Erfahrung und sein Gespür verlassen. Er mochte das nicht gern, denn gerade in seinem Beruf zählten Fakten. Aber bis auf die beiden Anzeigen und zwei verschwundene Kinder hatte er in diesem Fall keine Fakten. Dennoch stank hier etwas ganz gewaltig zum Himmel. In etwa so wie die Gassen im Gängeviertel, und der Gestank kam eindeutig von einer Person, der das Gängeviertel bestimmt vertraut war und die Dr. Hollender zwar nicht persönlich kannte, dafür aber das Gericht. Das hatte der Staatsanwalt den Akten entnommen, die eine deutliche Sprache sprachen: Elisabeth Wiese hatte ein ordentliches Vorstrafenregister und bereits ein Gefängnis von innen gesehen. Zwar nicht das Hamburger, sondern das in Hannover, aber Dr. Hollender war sich nahezu sicher, dass sich das bald ändern würde. Andererseits – und genau das war es, was ihn zögern ließ, aktiv zu werden – war diese Wiese keine Schönheit, sondern glich im Gegenteil eher einer Hexe, wie er auf der von ihr in Hannover gemachten Ablichtung sehen konnte. Ebenso hatte sie wohl keinen einnehmenden Charakter. Kurz und gut, die Frau wurde von ihrer Umgebung nicht gemocht und »die olle Wiese« genannt. Außerdem gab es Gerüchte, dass sie ihr Geld unter anderem mit Engelmacherei verdiente. Auch das stand zwischen den beiden Aktendeckeln auf seinem Schreibtisch als kurze Notiz auf dem geduldigen Papier vermerkt.

Carl Hollender zwirbelte seinen Schnauzer, den er wie der Kaiser trug. Als Staatsanwalt war es seine Pflicht, die Spreu vom Weizen zu trennen, wenn er durch eine Anzeige oder auf anderem Weg Kenntnis oder nur den Verdacht über eine Straftat erhielt. Da diese zwei Anzeigen nun vorlagen, war zumindest der Verdacht gegeben und er musste für eine Aufklärung alles in die Wege leiten, was ihm vom Gesetz her möglich war. Natürlich, Elisabeth Wiese hatte schon einmal eine gewisse Zeit wegen illegaler Abtreibungen hinter Gittern gesessen. Sie hatte also dafür gebüßt. Zudem war ihr die Erlaubnis entzogen worden, Pflegekinder bei sich aufzunehmen. Was hatte sie sich dieses Mal zu

Schulden kommen lassen? Wo waren die Kinder, die das letzte Mal in ihrer Obhut gesehen worden waren? Reichten die Anzeigen und das hässliche Gerede über sie, um sie vor Gericht zu bringen? Er musste vorsichtig sein. Er kannte die Menschen. Sie waren schnell mit Verdächtigungen. Der letzte Hexenprozess in Hamburg war zwar über 300 Jahre her, dennoch scheuten gerade die einfachen Leute auch heutzutage nicht davor zurück, Menschen, die ihnen unheimlich waren oder die sie schlicht nicht mochten, Untaten anzudichten. Und wenn es sich dabei um Frauen handelte, wurden sie gern der Engelmacherei oder des Kindsmords bezichtigt, vor allem, wenn sie deshalb schon einmal vor Gericht gestanden hatten. Dieses Stigma wurde kaum mehr eine los. War es so im Fall Wiese? War es überhaupt ein Fall?

Staatsanwalt Hollender nickte fast unmerklich dem Porträt des Kaisers zu und senkte daraufhin seinen Blick auf die Akte. Hatte er etwas überlesen? Abermals nahm er sie zur Hand und überflog sie, ließ sie jedoch nach kaum drei Minuten wieder sinken. Bis auf die nachgewiesenen Gesetzeskonflikte in Hannover, enthielt sie nur Gerüchte und Vermutungen. Auch die zweite Anzeige, die von dieser Frau Wülfing, schürte lediglich das Feuer, bekundete aber nichts. Die Harburger Pflegemutter verdächtigte Elisabeth Wiese der betrügerischen Kindesunterschiebung. Das Kind trug den Namen Bertha Blanck und war noch ein Baby. Frau Wülfing hatte die Abstammungspapiere den Polizeibeamten ausgehändigt und sie lagen der Akte bei. Sie würden die leibliche Mutter aufsuchen müssen. Wenn es stimmte, was Frau Wülfing ausgesagt hatte und Elisabeth Wiese Bertha an fremde Personen weitergegeben hatte, die der Kleinen nun einen anderen Namen gaben und seine eigentliche Abstammung dadurch verheimlichten, dann lag Frau Wülfing richtig. Dann handelte es sich um Kindesunterschiebung.

Der Staatsanwalt rieb sich die Schläfen. Er hatte von den Grübeleien Kopfschmerzen bekommen und war müde. Es war erst früher Nachmittag, dennoch stand er von seinem Schreibtisch auf, griff nach seinem Mantel, den er sich über die Schulter schwang und verließ sein Büro. Er wollte jetzt dringend nach Hause zu seiner Familie. Doch auf dem Weg dorthin, ließen ihn die Gedanken an Elisabeth Wiese nicht los. Was stellte sie mit den unschuldigen Kindern an? Stellte sie überhaupt etwas an? Wenn ja, musste er dieser Frau das Handwerk legen. Hierfür brauchte er jedoch Beweise, echtes Beweismaterial, das vor Gericht standhielt.

*

»Was war das denn?«, fragte Frau Küsel ihren Mann, während sie das Schultze Kind auf ihren Armen wiegte. Der Säugling war wieder still und schien zufrieden. Eben noch hatte er durchgehend geweint und war nicht zu beruhigen gewesen. Das Weinen hatte angefangen, als Elisabeth Wiese geredet hatte und erst aufgehört, nachdem Herr Küsel die Tür hinter der Frau wieder verschlossen hatte.

Elisabeth Wiese hatte das Ehepaar unangekündigt aufgesucht. Das Baby war gerade von Frau Küsel fertig gefüttert und frisch gewickelt gewesen und sie wollte es genau in dem Augenblick wieder in sein Körbchen legen, als es an der Wohnungstür geklopft hatte. Sie war nicht weniger überrascht gewesen als ihr Mann, der der Kindervermittlerin die Tür geöffnet hatte.

»Scheint so, als geht ihr der knochige Hintern auf Grundeis«, antwortete Herr Küsel seiner Frau jetzt und lehnte sich an die Wand im Flur.

»Ist ja aber auch ein Ding, dass die Wülfing sie angezeigt hat. Meinst du, wir können Ärger bekommen?« Frau Küsel schaute liebevoll auf das Baby in ihrem Arm und fuhr fort: »Mir war die Wiese immer gruselig. Wer weiß, was sie mit dem Kleinen hier angestellt hat, als er die paar Tage bei ihr gewesen ist. Ich konnte ihn überhaupt nicht beruhigen, als sie eben da war und nun scheint er sich wieder pudelwohl zu fühlen.«

»Du weißt doch, Babys sind wie Tiere. Sie haben ein Gespür für schlechte Menschen«, erwiderte Herr Küsel, trat an seine Frau heran und strich ihr zärtlich über die Wange, »und für gute. Das Kleine ist so gern bei dir, genau wie alle Kinder, die wir bisher hatten. Hör zu, mach dir keine Sorgen. Wir dürfen Pflegekinder aufnehmen und verdienen unser Geld damit. Das ist nichts Schlechtes und die Behörden waren bisher immer zufrieden mit uns. Und die Wiese, die kann uns mal. Als wir das Kleine vor ein paar Tagen bei ihr abgeholt haben, habe ich mich sowieso gewundert, dass sie uns das Kinderzeug von diesem anderen Kind mitgegeben hat. Es ist ja wohl das Kind, weswegen die Wülfing jetzt die Anzeige gegen die Wiese gemacht hat. Ich mein, die Wiese ist so geizig, da gibt die uns einfach so Babykleidung mit, weil das Baby, dem die eigentlich gehören, neu ausgerüstet ist? Geglaubt hab ich ihr das sowieso nicht, weil die doch sonst alles verscherbelt, was nicht niet- und nagelfest ist. Und als sie dann noch gesagt hat, dass wir niemandem erzählen sollen, dass wir das Zeug von ihr haben … Ich mein, wenn alles mit rechten Dingen zugeht, dann kann man schließlich drüber sprechen.«

»Du hast recht«, stimmte Frau Küsel ihrem Mann zu. »Jetzt, wo du es sagst, kommt mir das auch komisch vor. Bertha war der Name. Von dem Kind. Ja, Bertha. Das hat Frau Wülfing gesagt, als ich sie getroffen hab. Und wie das Zeug da einfach so unordentlich auf dem Boden rumgelegen hat. Hätten wir es bloß nicht mitgenommen, dann hätte ich mir die ganze Durchwascherei erspart. Andererseits ist es gut für das Kleine hier etwas in Reserve zu haben.«

Frau Küsel blickte zufrieden das Baby in ihrem Arm an – es war inzwischen friedlich eingeschlafen. Die Pflegemutter wandte sich in Richtung Küche, wo der Babykorb in der Nähe des warmen Ofens stand, um den Säugling darin abzulegen. Ihr Mann folgte ihr und sagte in ihren Rücken: »Weißt du, es war noch warm, als ich es in unsere Tasche gepackt habe. Ich habe dir nichts gesagt, damit du dich nicht wunderst. Ich weiß ja wie empfindsam du bist.«

»Was war noch warm?«, fragte Frau Küsel leise, während sie das Baby sanft bettete.

»Na das Kinderzeug«, sagte Herr Küsel und schaute seine Frau aufmerksam an, die sich nun aufgerichtet hatte und ihm ebenfalls in die Augen blickte. Langsam sagte sie: »Willst du damit sagen, es war noch warm, weil es gerade einem Kind ausgezogen worden war?«

Herr Küsel nickte.

»Aber das kann nicht sein«, fuhr Frau Küsel fort. »Die Wiese hat mir gesagt, dass sie Bertha in Hamburg bei feinen Leuten untergebracht hat. Sie kann das Baby also gar nicht kurz vorher ausgezogen haben, weil es schon länger weg war.«

»Hmhmmm«, brummte Herr Küsel und wiegte seinen Kopf hin und her. Er schien zu überlegen.

»Was?«, forderte die Frau ihren Mann auf.

»Als du kurz auf dem Abort warst hat sie mir erzählt, dass das Kind in Amerika ist«, sagte er, und beobachtete dabei seine Frau, die sich nach seinen Worten entsetzt auf einen Küchenschemel plumpsen ließ, der nahe dem Körbchen bereit stand. Vorsichtig, so als fürchte sie sich vor der Antwort, fragte Frau Küsel nun: »Was hat das zu bedeuten?«

»Na, das ist ja wohl klar«, antwortete Herr Küsel. »Die Wiese hat Dreck am Stecken. Darum sollen wir auch nicht sagen, dass wir die Kinderklamotten haben und die Wülfing von der Anzeige abbringen. Aber ehrlich. Wir können zwar jeden Pfennig gebrauchen und die 10 Mark allemal, die die olle Wiese uns versprochen hat, wenn wir Frau Wülfing überzeugen, die Anzeige bei der Polizei zurückzuziehen. Aber erstens will ich das gar nicht und zweitens würde die Wiese uns das

Geld bestimmt sowieso nicht geben, so, wie der die Geldgeilheit immer aus den Augen springt. Da kann sie noch so freundlich wie eben tun. Soll sie doch ins Wasser gehen, wie sie gedroht hat. Ich will mit diesem Weibsstück nichts mehr zu tun haben.«

»Es ist allerdings ein bloßer Indizienbeweis, der Ihnen vorgeführt worden ist, er hat aber die Schuld der Angeklagten in vollem Umfange unwiderleglich dargetan.«

(aus dem Plädoyer von Staatsanwalt Dr. Hollender im Elisabeth Wiese-Prozess, 1904)

7. ERMITTLUNGEN
APRIL 1903 BIS OKTOBER 1904

Emil Heuer war nicht wohl in seiner Haut. Er war noch nicht lange bei der Kriminalpolizei und das hier war sein erster eigener Fall. Natürlich war er vorher schon mitgegangen und hatte Robert, seinem Vorgesetzten, über die Schulter geschaut. Doch Robert war nun bereits seit mehreren Wochen krank und fiel aktuell aus. Der etwas ältere Mann hatte es mit dem Rücken und kam kaum mehr aus dem Bett hoch.

Während Emil sich noch seine Worte zurechtlegte, die er sagen wollte, öffnete sich schon die Wohnungstür, vor der er wartete. Die Frau, die ihm nun gegenüberstand, musterte ihn und bevor er sich vorstellen konnte sagte sie: »Das Zimmer ist schon weg.«

»Welches Zimmer?«, fragte Emil überrascht zurück – die Aussage der Frau hatte ihn aus dem Konzept gebracht.

»Na, das zur Untermiete«, erwiderte die Frau und fragte stirnrunzelnd: »Sind Sie deswegen nicht hier? Wer sind Sie überhaupt?«

Emil hatte sich wieder gefangen und antwortete mit fester Stimme: »Ich möchte zu Frau Elisabeth Wiese.«

»Und wer möchte zu Frau Wiese?«, fragte die Frau misstrauisch zurück.

In diesem Moment war sich der Kriminaler sicher, Elisabeth Wiese vor sich zu haben. Die Beschreibung, die er von ihr hatte, passte auch. Er straffte seinen Körper und sagte sachlich: »Kommissar Emil Heuer. Frau Wiese, lassen Sie mich bitte in Ihre Wohnung, ich habe einige Fragen an Sie.«

Elisabeth Wiese drückte ihren Rücken gerade durch und sah ihm fest in die Augen. Sie war auf der Hut, registrierte Emil und war sich augenblicklich seiner besseren Position als Polizeibeamter bewusst. Er besann sich auf das, was Robert in einem solchen Fall getan hätte und stellte den linken Fuß auf die Türschwelle, falls sie versuchen würde, ihm die Tür vor der Nase zuzuschlagen. Elisabeth Wiese senkte ihren Blick auf seinen Fuß. Dann sah sie ihm wieder ins Gesicht und fragte in einem Ton, der in Emils Ohren deutlich zu freundlich klang: »Und weshalb, Kommissar Heuer? Falls es um diese Anzeige von Frau Wülfing geht, das ist ein großes Missverständnis und sie würden nur ihre Zeit bei mir vertun. Sie wollte die Anzeige doch sowieso zurückziehen, hat sie das noch nicht getan?«

»Nein, hat sie nicht. Und nun lassen Sie mich bitte ein. Sie möchten doch nicht, dass Ihre Nachbarn alles mitbekommen. Allerdings können Sie mich auch gern aufs Stadthaus begleiten und wir reden dort miteinander«, antwortete Emil bestimmt.

Die Frau mit der großen Hakennase wurde ihm zusehends unangenehmer. Die Leute, die er im Vorfeld nach ihr befragt hatte, hatten recht. Sie erinnerte an eine Hexe. Ob sie eine ist, wird sich später herausstellen, dachte der junge Kommissar bei sich, während Elisabeth Wiese mit zusammengebissenen Zähnen die Wohnungstür aufhielt und ihn mit einer barschen Handbewegung hineinbat.

In der Wohnung hing ein schwerer Kohlduft, der ihn sofort daran erinnerte, dass er heute noch nicht allzu viel gegessen hatte. Der Flur war dunkel und Elisabeth Wiese führte ihn an ein paar verschlossenen Türen vorbei in die Stube.

»Setzen Sie sich«, forderte sie ihn auf und deutete dabei auf ein Sofa, dass bereits bessere Tage gesehen hatte. Sein ehemals grüner Samtbezug war an vielen Stellen verschlissen und übersät mit kleineren Flecken, die das Stubenmöbel insgesamt betrachtet leicht gräulich erscheinen ließen. Wie einen Frosch mit Krätze, schoss es Emil durch den Kopf, sodass er sich innerlich schütteln musste. Trotzdem setzte er sich. Auch das hatte Robert ihm eingebläut: »Wenn du das Vertrauen von einem mutmaßlichen Täter gewinnen willst, dann zeige ihm nicht, dass du sein Feind bist. Wenn du Glück hast, verrät er sich dann.«

Sich setzen, wenn man dazu aufgefordert wurde, gehörte dazu. Es war einfach höflich.

Sobald er sich niedergelassen hatte, sank er unsanft ein – die Sprungfedern waren also bereits hinüber. Aber was sollte es schon. Länger als notwendig, um sich einen ersten Eindruck zu verschaffen, wollte Emil in dieser Wohnung ohnehin nicht bleiben. Elisabeth Wiese setzte sich nicht, obwohl dem Sofa ein Sessel gegenüberstand, der nicht so abgenutzt wie das Sofa wirkte.

»So, und was wollen Sie jetzt von mir?«, fragte die Frau, deren Stimme alles Freundliche verloren hatte, in Emils Gedanken hinein. Sie hat also doch gemerkt, dass ich nicht ihr Freund bin, folgerte der Kommissar daraus und erwiderte in neutralem Ton: »Wie Sie ja bereits wissen, hat Frau Wülfing Anzeige gegen Sie erhoben. Der will ich nachgehen. Können Sie mir etwas zu dem Kind Bertha Blanck sagen? Laut Frau Wülfing haben Sie das Kind in ihrer Obhut. Ist es hier?«

Er beobachtete, wie es um den Mund der Frau kurz zuckte. Sie hatte sich jedoch sofort wieder im Griff und erwiderte übertrieben aufgeschlossen: »Ja, die kleine Bertha, ein ganz bezauberndes Kind. Sie war hier, aber jetzt ist sie in England bei einem Doktor. Also genauer gesagt wohnt der in London und hat meine Tochter, die Paula, geschwängert. Die war, nein, ist bei dem Doktor in Stellung. Ein ganz feiner Herr, der versprochen hat, für das Kind zu sorgen. Wenn sie meine Paula kennen würden, würden Sie große Augen machen, Herr Kommissar. Die ist ein ganz hübsches Ding. Aber wissen Sie, sie ist so ängstlich. Sie ist mit ihrem dicken Bauch hier nach Hause gekommen. Eine Tochter braucht ihre Mutter, wenn ein Kind unterwegs ist und mir war es leider nicht möglich, zu ihr nach London zu reisen. Und dann hatte die Paula einen Abort. Es war schrecklich für mein Mädchen. Und für mich. Ich hätte ja so gern einen Enkel … Naja und nun musste irgendwie ein Kind her, dass die Paula ihrem Doktor in London bringt. Sie hat sich einfach nicht getraut, ihrem Geliebten ohne ein Baby unter die Augen zu treten, verstehen Sie? Aber wir hatten ja kein Baby. Darum ist Paula dann erstmal ohne Kind nach London zu ihrem Doktor und hat ihm gesagt, dass sie sein Kind bei mir gelassen hat, bis es aus dem Gröbsten raus ist. Ja und dann, dann war da irgendwann die Bertha. Ihre eigene Mutter wollte sie nicht mehr, und ich hätte es einfach nicht übers Herz gebracht, sie in ein Findelhaus zu geben, aber ich selbst konnte sie nicht behalten. Ist ja auch klar, oder? Ich mein, so ein Kind kostet ja und ich bin schon froh, meine Paula durchgebracht zu haben. Ich hab Paula Bescheid gegeben und die ist dann Anfang April gekommen, um Bertha zu holen. Der Doktor dachte es ist sein eigenes Kind, aber es war eben die Bertha. Der Doktor hatte Paula eine Einhüterin mitgeschickt, die das Kind dann jetzt in London betreut. Das ist bei den feinen Leuten schließlich so. Am 15. April sind die beiden mitsamt der Bertha wieder abgereist. Ich weiß das Datum so genau, weil ich meine Tochter sehr vermisse und nicht weiß, wann ich sie wiedersehe. Ich geb ja zu, dass das nicht ganz richtig war, aber die kleine Bertha wird ein schönes Leben haben. Sonst hätte ich das niemals getan.«

»Wer außer ihrer Tochter kann Ihre Aussage hier in Hamburg bezeugen?«, hakte Emil Heuer nach. Elisabeth Wiese zögerte einen Moment, dann echote sie: »Bezeugen?«

Kommissar Heuer kam es so vor, als wollte die Frau Zeit schinden. Vom Datum her könnte ihre Geschichte stimmen. Die Anzeige von Frau Wülfing war Mitte April eingegangen, jetzt hatte sie Ende April, aber dennoch, für den Kommissar hört sich das alles zu glatt an. Außerdem machte die Frau vor ihm einen verschlagenen Anschein. Ja, verschlagen war das richtige Wort.

»Genau. Bezeugen«, bekräftigte er seine Worte nun und sah sein Gegenüber abwartend an.

»Ich habe seit Kurzem eine neue Einlogiererin, die Frau Jürgens. Frau Jürgens kann das bezeugen. Sie ist aber im Moment nicht da«, erklärte die Wiese und verschränkte abwehrend die Arme vor ihrer Brust.

»Aha«, kommentierte der Kommissar das Gehörte. »Und seit wann genau wohnt Frau Jürgens zur Untermiete bei Ihnen?«

»Seit dem 19. April, aber sie war am 15. April hier, um das Zimmer schon einmal anzumieten, und da hat sie die englische Dame mit Bertha weggehen sehen«, gab Elisabeth Wiese nach einem kurzen Moment des Überlegens bereitwillig Auskunft.

Emil Heuer erhob sich und sagte in der Bewegung: »Wenn das stimmt, wird Frau Jürgens das sicher vor Gericht bezeugen.«

»Vor Gericht?«, entfuhr es Elisabeth Wiese heftig.

»Ja, Sie kennen das doch schon aus Hannover, Frau Wiese«, entgegnete Emil Heuer und tat überrascht, freute sich jedoch darüber, dass er in der Unterhaltung nun wirklich die Oberhand hatte. Darum fuhr er jetzt wie nebenbei fort: »Ich kann da gar nichts machen. Wenn einmal die Mühlen der Obrigkeit angefangen haben, sich in Bewegung zu setzen, dann sind sie schwer zu stoppen. Aber wenn Sie die Wahrheit sagen, dann haben Sie nichts zu befürchten.«

Elisabeth Wiese nickte dazu nur. Dann drehte sie sich um und ging vor ihm wieder aus dem Zimmer. Der Kommissar hatte das erwartet. Genauso, wie den Trumpf, den er noch in der Tasche hatte und den er jetzt befühlte. Doch noch war es nicht an der Zeit, ihn auszuspielen. Zuvor wollte er noch in einen anderen Raum dieser Wohnung. Als Elisabeth Wiese jetzt ihre Schritte zur Wohnungstür lenkte blieb er im Türrahmen stehen und bat freundlich, aber bestimmt: »Frau Wiese, ich hätte gern noch einen Schluck Wasser, bevor ich gehe.«

Elisabeth Wiese verharrte in ihrer Bewegung. Er sah es an ihrem Rücken, wie sie einmal schwer atmete, dann erst drehte sie sich langsam um. Ihre Augen fixierten ihn für einen kurzen Moment wobei sie die Lippen fest aufeinanderpresste. Sie rang mit sich, das spürte er, während er ihrem Blick standhielt. Wenn Blicke töten könnten, dachte Emil Heuer bei sich und war auf alles gefasst, doch dann blinzelte die Frau vor ihm und nur noch ein kaum wahrnehmbares Beben in der Stimme, das sicher von ihrem unterdrückten Zorn herrührte, erinnerte an den kurzen Moment ihrer Gefühlsregung, während sie gestelzt sagte: »Ja, natürlich, Herr Kommissar. Warten Sie hier, ich hole ihnen einen Schluck Wasser. Bitte entschuldigen Sie meine Unhöflichkeit, ich habe eben gar nicht daran gedacht, Ihnen etwas anzubieten.«

Elisabeth Wiese eilte an ihm vorbei in die entgegengesetzte Richtung zur Küche, als sei sie froh, ihn hinter sich gelassen zu haben. Der Kommissar folgte ihr gemächlich, denn es gehörte nicht zu seinem Plan, hier untätig zu warten.

Bei der Küche angekommen, blieb er im Türrahmen stehen. Es war eine Wohnküche, wie sie für die etwas teureren Wohnungen hier in der Gegend typisch waren. Wie der Rest, den er von der Wohnung gesehen hatte, war sie weder ordentlich noch chaotisch und sie war nicht so blitze sauber, wie zum Beispiel die Küche seiner Mutter, aber auch nicht großartig verschmutzt. Dafür war es sehr warm hier drin. Das bemerkte er, obwohl er noch nicht einmal richtig eingetreten war. Ob das an dem großen Topf lag, der auf dem Herd stand und in dem es leicht vor sich hin brodelte? In vielen Küchen stand etwas auf dem Herd, was warmgehalten wurde, doch das erhitzte den Raum dann nicht dermaßen. In dem Topf vermutete er eine Kohlsuppe oder etwas Ähnliches, zumindest ging der Kohlduft, den er bereits bei seinem Eintreffen bemerkt hatte, von dem Topf aus. Erneut meldete sich sein Magen. Dieses Mal lautstark, sodass Elisabeth Wiese sich zu ihm hindrehte. Sie hatte mit dem Rücken zu ihm gestanden und gerade einen Becher mit Wasser aus einem Krug gefüllt, den sie jetzt zurück auf den Tisch stellte.

»Hunger?«, fragte sie mit erhobener Augenbraue. Ihr Ton machte deutlich, dass sie es unverfroren fände, wenn er jetzt auch noch um etwas zu Essen bitten würde. Aber sosehr ihn der Geruch verlockte, er würde hier ohnehin nichts essen. Selbst wenn sie ihm wider Erwarten etwas anbot. »Geht schon«, sagte er deswegen und winkte ab. Seine Augen hatten gerade etwas erfasst, das seine ganze Aufmerksamkeit auf sich zog. Es lag versteckt in dem Schlitz zwischen dem hinteren Herdfuß und der Wand. Der Kommissar nahm an, dass es unbemerkt heruntergefallen und dann vergessen worden war. Wenn er richtig sah, handelte es sich um einen weißen gehäkelten Babyschuh, der mit einem ebenfalls gehäkelten, aber blauen Wollfaden zusammengebunden war. Vielleicht täuschte er sich auch, aber unter den gegebenen Umständen war er sich fast sicher, dass es ein Babyschuh war. Sein Gefühl wurde noch dadurch verstärkt, dass Elisabeth Wiese, die seinem Blick gefolgt war, sich jetzt so vor den Herd stellte, dass ihm die weitere Betrachtung des kleinen Gegenstandes verwehrt war. Er hob seinen gesenkten Kopf und schaute Elisabeth Wiese fest in die Augen. Keiner von ihnen beiden sagte etwas, bis sie die Stille unterbrach und mit rauer Stimme meinte: »Wollten Sie nicht etwas trinken?«

»Ich habe es mir anders überlegt, dafür habe ich aber noch eine Frage«, sagte er und beobachtete, wie sich der Brustkorb der Frau unter ihrem schwarzen, hochgeschnürten Kleid hob und senkte. Sie atmete sichtbar schwer, ansonsten ging keinerlei Bewegung von ihr aus. Emil Heuer fuhr fort: »Sagt Ihnen der Name Klotsche etwas? Wilhelm Klotsche?«

Noch immer zeigte Elisabeth Wiese keine Regung. Dann öffnete sie langsam den Mund und antwortete vorsichtig: »Ja, ich glaube, den Namen habe ich schon einmal gehört.«

»Oh, das sollten Sie. Immerhin befand sich der Säugling Wilhelm Klotsche auch in ihrer Obhut«, entgegnete der Kommissar und zog seinen Trumpf aus der Tasche – die Quittung, die die Polizei von Fräulein Klotsche ausgehändigt bekommen hatte und die bezeugte, dass Elisabeth Wiese das Kind Klotsche gegen Bares in Empfang genommen hatte.

»Ja, ach ja, jetzt erinnere ich mich«, gab Elisabeth Wiese daraufhin schnell zu. Sie wollte das Stück Papier noch nicht einmal sehen.

»Gut«, nickte der Kommissar wohlgefällig, »dann können Sie mir sicher auch sagen, wo der Junge jetzt ist.«

Wieder war es für einen Moment still in der Küche und nur das Atmen des Kommissars und das von Elisabeth Wiese war zu hören, bis sie ihm plötzlich entgegenzischte: »Nein, das weiß ich nicht. Aber vielleicht sollten Sie einmal die feine Frau Wülfing fragen, die mich hier anzuschwärzen versucht. Sie hat nicht nur Bertha Blanck, sondern auch Wilhelm Klotsche von mir bekommen.«

Kaum hatte sie geendet, hörte der Kommissar wie die Wohnungstür ging und schwere Schritte durch den Flur dröhnten. Der Kommissar trat aus der Küche heraus und sah einen Mann mit einem blonden Vollbart auf sich zustapfen. So wie der Vollbärtige dabei wankte, war er offenkundig betrunken.

»Wer bist 'n du?«, rief der Mann jetzt dem Kommissar lallend entgegen. »Für 'nen neuen Stecher von Elisabeth biste zu jung und die Paula is nich mehr hier …«

»Heinrich, halt's Maul«, ertönte da die beißende Stimme von Elisabeth in Emil Heuers Rücken und da wusste er, dass es sich um den Ehemann von Elisabeth Wiese handelte. Er drehte seinen Kopf zu der Frau um, nickte ihr zu, sagte: »Danke, Frau Wiese«, drängte sich an Heinrich Wiese vorbei und verließ die Wohnung, ohne die Tür hinter sich zuzuziehen. Beschwingt lief er die wenigen Stufen hinab hinaus auf die Wilhelminenstraße. Sosehr der junge Kommissar die Begegnung mit Elisabeth Wiese gescheut hatte, sosehr fühlte er jetzt Genugtuung in sich aufsteigen. Er hatte heute einiges angestoßen und erfahren. Jetzt hatte er sich erst einmal eine leckere Mahlzeit verdient. Robert würde stolz auf ihn sein.

*

»Sie meinen also, wir haben es tatsächlich mit betrügerischen Kindesunterschiebungen zu tun«, fragte Dr. Hollender nach.

»Na ja«, begann Emil Heuer unsicher unter dem strengen Blick des Staatsanwalts, »wie man die Sache nennt, weiß ich nicht, aber allem Anschein nach hat Elisabeth Wiese die ihr anvertrauten Säuglinge an irgendwelche reichen Leute verkauft. Sie sagt natürlich, sie hätte sie nur auf Wunsch der Mütter vermittelt und sie hat ja die behördlichen Abmeldeformulare der Kinder, die das Fräulein Blanck und das Fräulein Klotsche ihr ausgehändigt haben, vorgelegt. Auf jeden Fall hat sie von den Müttern Kostgeld für die Kinder erhalten und ich bin mir sicher, dass sie auch von den Leuten, an die sie die Kinder weitergegeben hat, Geld bekommen hat. Wenn Elisabeth Wiese sie überhaupt weitergegeben hat …«

Den letzten Satz hatte Emil Heuer nur leise und mehr zu sich selbst gesagt, aber der Staatsanwalt hatte ihn dennoch gehört. Hollender stutzte. Er kannte den jungen Kommissar bisher nur im Gespann mit Kommissar Robert Wehner, doch Wehner fiel seit Wochen wegen Krankheit im Dienst aus, was dem Staatsanwalt überhaupt nicht gefiel. Dummerweise nützte das nichts und er musste jetzt wohl oder übel mit diesem Jungspund hier Vorlieb nehmen, den er sonst kaum beachtet hatte. Der Staatsanwalt nahm sich vor, Robert Wehner heute auf seinem Weg nach Hause einen Krankenbesuch abzustatten, um sich über Emil Heuer zu erkundigen und vor allem zu schauen, wie es um den älteren Polizeibeamten stand. Dr. Hollender hatte gehört, Wehner hätte etwas mit dem Rücken, aber das würde sicherlich nicht seine Kombinationsgabe beeinträchtigen. Vielleicht könnte er seinem Assistenten vom Krankenbett aus Ermittlungstipps geben und damit auch ihm als Staatsanwalt eine Stütze sein. Hollender rückte seine Brille zurück, zwirbelte seinen Schnauzer und kostete die kleine Pause aus, die zwischen seinem Gegenüber und ihm durch seinen Gedankengang eingetreten war. Als Staatsanwalt wusste er, dass solche wortlosen Momente den Gesprächspartner verunsicherten. Zumindest dann, wenn dieser sich seiner Sache nicht sicher war. Natürlich wandte er diese Methode in der Regel bei Gericht an, doch hier hatte es sich nun eben so ergeben und vielleicht war es gar nicht verkehrt, dem jungen Kommissar auf diese Weise auf den Zahn zu fühlen. Wenn Emil Heuer sich hier bei ihm im Büro einigermaßen gut schlug, würde der Staatsanwalt einfach ein besseres Gefühl haben für das Vorankommen der weiteren Ermittlungen, denn dass der vorliegende Fall »Elisabeth Wiese« kompliziert war und alles andere als eindeutig, war Dr. Hollender klar. Die Ergebnisse der Ermittlungen waren dabei maßgeblich für die weiteren Schritte, die er dann unternehmen könnte.

Carl Hollender war nicht umsonst Staatsanwalt geworden. Er war ein durch und durch rechtschaffender Mann und duldete keine Verfehlungen, schon gar nicht gegen das Gesetz, dass es schließlich aus gutem Grund gab. Diese Elisabeth Wiese schien das Gesetz nicht zu achten, und genau das gab es zu klären. Darüber hinaus hatte sie in welcher Art auch immer wohl irgendeinen Schindluder mit den Kindern betrieben und das wäre für Hollender fast schon Verbrechen genug.

»Wie meinen Sie das? Überhaupt weitergegeben?«, fragte er jetzt den jungen Kommissar, der bereits unruhig auf seinem Stuhl hin und her rutschte.

»Na ja«, begann Emil Heuer seine Erklärung, musste sich dann jedoch kurz räuspern, bevor er fortfuhr. »Es ist nur so ein Gefühl, aber Elisabeth Wiese will meines Erachtens irgendetwas vertuschen und ich glaube, dass es sich um eine wirklich schlimme Tat handelt ...«

»Ihr Gefühl in allen Ehren, Heuer, wir brauchen Fakten«, unterbrach der Staatsanwalt den Kommissar. »Elisabeth Wiese ist kein unbeschriebenes Blatt und es sieht tatsächlich so aus, als hätte sie sich mal wieder über unser Gesetz hinweggesetzt. Wie und in welcher Form, müssen wir herausfinden. Müssen Sie herausfinden. Aber bitte, lassen Sie dabei ihr Gefühl aus dem Spiel. Denn das hilft mir vor Gericht herzlich wenig. Also?«

»Ja, also«, wiederholte Heuer, »die Kinder Klotsche und Blanck sind auf jeden Fall spurlos verschwunden und die Angaben von Elisabeth Wiese über deren Verbleib haben sich als drei..., als Lüge erwiesen. Ich habe noch einmal mit Frau Wülfing gesprochen, von der die Wiese behauptet, sie müsste wissen, wo das Kind Klotsche ist, aber Frau Wülfing hat keine Ahnung. Sie kennt das Kind gar nicht.«

»Und woher wissen Sie, dass Frau Wülfing nicht die Lügnerin ist? Sie nimmt ebenfalls Kinder gegen Kostgeld zu sich und verdient damit ihr Geld. Wie für Elisabeth Wiese sind Kinder für sie eine Ware, sonst hätte sie wohl kaum dieses andere Kind, diese Bertha Blanck zurück zu der Wiese gebracht. Und nur weil Frau Wülfing die Anzeige erstattet hat ... das sagt noch gar nichts. Diese Leute schwärzen sich gern gegenseitig an, um von sich selbst abzulenken«, hakte der Staatsanwalt nach, obwohl er vor ein paar Tagen ähnliche Gedanken gehabt hatte, aber er wollte die Meinung des Kommissars hören.

»Nein, Frau Wülfing sagt die Wahrheit. Ich habe mehrere andere Leute befragt und sie bestätigen ihre Aussage. Unter anderem die Eheleute Küsel und eine Frau Fischer, die wie Frau Wülfing Pflegemutter in Harburg ist. Außerdem hat die Wiese nämlich auch gelogen, was die kleine Bertha Blanck angeht. Die Zeugin, die sie benannt hat und die gesehen haben soll, dass das Mädchen am 15. April von einer Engländerin abgeholt worden ist, weiß von nichts und das hat seinen guten Grund: Die Zeugin, eine Frau Jürgens, kennt Elisabeth Wiese erst seit dem 19. April«, antwortete Emil Heuer mit fester Stimme und der Staatsanwalt gab dem jungen Kommissar in Gedanken einen Pluspunkt. Er mochte es, wenn Mitarbeiter mitdachten und dass Heuer ohne Aufforderung weitere Leute befragt hatte, um eine Aussage zu überprüfen, zeugte von selbstverantwortlichem Handeln. Scheinbar hatte Robert Mehner dem Jüngeren doch schon etwas Entscheidendes beigebracht.

*

Emil Heuer hatte gerade an der Tür geklopft und wartete nun auf das »Herein«. Er war nicht angemeldet, doch die neuen Entwicklungen, die sich in Fall Wiese aufgrund von Zeitungsaufrufen der Polizei, in denen nach den verschwundenen Kindern gesucht wurde, ergeben hatten, wollte er unbedingt direkt weitergeben. Darüber hinaus war er stolz auf sich – die Zeitungen für ihre Ermittlungen zu nutzen war seine Idee gewesen.

Als jetzt das erhoffte »Herein« ertönte, drückte der junge Kommissar die Türklinke herunter und trat in das Büro des Staatsanwalts. Dr. Carl Hollender saß hinter seinem Schreibtisch und blickte ihm überrascht entgegen. »Haben wir einen Termin?«, fragte er.

»Guten Tag, Herr Staatsanwalt, nein. Doch wenn Sie einige Minuten Zeit für mich erübrigen können, wäre ich Ihnen dankbar. Es geht um den Fall Wiese«, antwortete Emil Heuer beflissen.

»Setzen Sie sich«, erwiderte der Staatsanwalt und deutete auf den Stuhl, auf dem der Kommissar bereits vor zwei Tagen gesessen hatte.

»Gibt es neue Erkenntnisse?«, fragte der Staatsanwalt und blickte Heuer aus interessierten Augen an, der daraufhin nickte: »Die gibt es. Es hat sich eine weitere Mutter mit einem vermissten Kind gemeldet.«

»Ach!«, rutschte es dem Staatsanwalt heraus.

»Ja«, erwiderte Emil Heuer und musste innerlich über den Ausruf des Staatsanwalts, der ihm sonst so überlegt wirkte, schmunzeln. »Eine gewisse Adelheid Schultheiß, deren Sohn Peter in der letzten Dezembernacht 1902 geboren wurde und die ihn diesen April, ich glaube es war der 15., der Wiese für eigen überlassen hat.«

Dr. Hollender, lehnte sich in seinem Stuhl zurück und verlangte: »Fahren Sie fort.«

Heuer ließ sich das nicht zweimal sagen: »Ich will versuchen, es kurz zu machen: Elisabeth Wiese hat Frau Schultheiß gesagt, sie wolle Peter nach Wien an eine ihr befreundete Schlachterfamilie vermitteln, die den Jungen adoptieren würde. Sie selbst wollte das Kind nach Wien bringen und verlangte von Adelheid Schultheiß nur die 38 Mark, die die Reise selbst kosten sollte. Einige Tage später fragte Frau Schultheiß nach und die Wiese versicherte ihr, den Jungen selbst nach Wien gebracht zu haben und dass es ihm dort sehr gut gehen würde. Als die Mutter ihren Sohn nun doch wieder zurückholen wollte, war es nicht mehr auffindbar. Da wir ja in der Presse aktuell schon nach Wilhelm Klotsche und Bertha Blanck suchen und die Bevölkerung aufgerufen haben, sich bei uns zu melden, wenn jemand etwas weiß, hat Frau Schultheiß dies zum Anlass genommen, zu uns ins Stadthaus zu kommen, damit wir auch nach ihrem Sohn suchen. Das war vorgestern abend. Dass ihr Kind ebenfalls bei Frau Wiese verschwunden ist, kann meines Erachtens kein Zufall sein. Na ja, und dann bin ich gestern Morgen zu der Wiese hin und auf meine Nachfrage zum Kind Schultheiß bekam ich von Elisabeth Wiese verschiedenste Geschichten aufgetischt, die sich bisher alle als Lügen herausstellt haben und darüber hinaus kaum mit dem decken, was sie damals der Mutter erzählt hat.«

»Und die wären? Also die Geschichten?«, fragte Staatsanwalt Hollender gespannt.

»Nun, dann muss ich doch ein wenig ausholen, es ist alles ein wenig verworren«, erklärte Heuer und fuhr fort: »Zuerst hat sie gemeint, sie hätte Adelheid Schultheiß nie gesagt, dass sie selbst nach Wien gefahren war, um Peter dorthin zu bringen, sondern dass der Schlachter eigentlich eine Frau aus Berlin hatte schicken wollen, die das Kind dann nach Wien bringt und dass die 38 Mark für die Berlinerin gewesen waren. Dann sei jedoch nur wenige Stunden nachdem Peter Schultheiß überhaupt bei der Wiese abgegeben worden war, die Berlinerin zusammen mit dem Schlachter gekommen, um den Jungen mitzunehmen. Der Schlachter soll auf dem Flur gewartet haben und die fremde Frau hat das Geld und das Kind von Frau Wiese bekommen. Angeblich hat der Schlachter ihr später eine Postkarte geschrieben, dass es dem Säugling bei ihm in Wien gut gehe. Natürlich wollte ich die Karte sehen, aber Elisabeth Wiese behauptet, sie hätte sie verfeuert.«

»Verfeuert?«, fragte der Staatsanwalt nach, so, als ob er sich nicht sicher war, es richtig verstanden zu haben.

»Verfeuert«, bestätigte Emil Heuer.

»Das wäre ja tatsächlich im Bereich des Möglichen«, dachte der Staatsanwalt laut nach, »wir verfeuern zu Hause auch allerlei Papier, was wir nicht mehr benötigen. Sie scheinen Elisabeth Wiese allerdings nicht zu glauben.«

»Ganz richtig«, gab Emil Heuer zurück: »Ich konnte gestern noch ohne Umstände den Schlachter ausmachen, ein gewisser Berg, der absolut nicht wusste, wovon ich rede. Nachweislich hat er Hamburg am 31. Januar diesen Jahres verlassen und die Wiese seitdem nicht mehr gesehen. Und er hat in Wien auch keine Schlachterei. Bis er sie 1901 aufgab, trug eine Wurstfabrik in Wien seinen Namen, aber mehr hat er mit der Stadt aktuell nicht zu schaffen. Und er wollte nie ein Kind adoptieren. Jetzt hält er sich gerade in Berlin auf. Wortwörtlich hat er zu mir durch den Fernsprecher gesagt, dass Elisabeth Wiese infam lügt.«

»Ach, Sie haben mit ihm telefoniert? Wie können Sie sich sicher sein, dass Sie tatsächlich mit diesem Herrn Berg gesprochen haben?«, forschte Dr. Hollender nach.

»Die Berliner Kollegen haben ihn auf meine Bitte hin ausfindig gemacht und ihn mit auf ihre Direktion genommen. Von dort aus haben die mich dann gemeinsam angerufen, darum bin ich mir sicher«, informierte

Emil Heuer den Staatsanwalt. »Ich habe die Wiese daraufhin zu mir aufs Stadthaus holen lassen und sie mit Bergs Aussage konfrontiert. Und da hat sie dann plötzlich behauptet, dass diese angebliche Dame Peter Schultheiß nach einer kurzen Zeit zurückgebracht hat und Herr Berg deswegen doch nichts mit dem Verschwinden des Jungen zu tun hat.«

»Aber dann ist das Kind nun doch bei der Wiese oder was? Oder sie müsste wissen, wo es ist …«, runzelte Dr. Hollender die Stirn.

»Genau das habe ich auch zu ihr gemeint, woraufhin sie mir frech ins Gesicht gesagt hat, dass das Kind in ihrer Abwesenheit in die Wilhelminenstraße zurückgebracht worden sei und wieder abgeholt wurde, als sie nicht da war, sie also nichts davon mitbekommen habe. Ihr habe niemand Bescheid gegeben und sie wisse nicht, wer Peter Schultheiß entgegengenommen beziehungsweise wieder weggegeben hat.«

»Aha«, meinte der Staatsanwalt grüblerisch, »aber woher will sie dann überhaupt wissen, dass das Kind wieder da war bevor es wieder wegkam?«

»Tja, genau das ist der Punkt und war auch meine Frage an die Frau, die mir dann nach einigen Sekunden des Schweigens reumütig erklärt hat, sie müsste mir etwas beichten. Ehrlicherweise habe ich da gedacht, dass ich jetzt endlich die ganze Wahrheit erfahre, aber nichts da. Sie wollte mir weismachen, dass eine Bekannte von ihr, eine gewisse Frau Miosga, die auch Kinder bei sich hütet, ihr einen Zettel zugesteckt hat, auf dem stand, dass sie, also Frau Miosga, Peter bei sich habe, Elisabeth

Wiese das aber niemandem sagen soll. Diesen Zettel hat Frau Wiese natürlich ebenfalls verfeuert. Auf jeden Fall war das ihre Rechtfertigung mir gegenüber, warum sie bei meinen wiederholten Befragungen zunächst gelogen und auch zu Beginn Herrn Berg ins Spiel gebracht hatte. Sie sagte immer wieder, sie habe es doch der Frau Miosga versprochen, nichts zu erzählen«, führte Emil Heuer aus.

»Sie sagen das so, als könnte das nicht sein«, erkundigte sich der Staatsanwalt.

»Wie schon gesagt, ich bin der Meinung, dass Elisabeth Wiese lügt, wenn sie nur den Mund aufmacht, aber natürlich habe ich dennoch ihre Aussage geprüft: Frau Miosga hatte nie ein Kind, das aussah, wie Peter Schultheiß«, antwortete der Kommissar.

Der Staatsanwalt lächelte nachsichtig und fragte: »Ich nehme an, Sie haben noch keine Kinder?«

»Nein, das ist richtig«, antwortete Emil Heuer irritiert.

»Wenn Sie welche hätten«, fuhr Dr. Hollender fort, »dann wüssten Sie, dass alle Kinder im Babyalter gleich aussehen.«

Der Kommissar konnte ein kleines Glucksen nicht unterdrücken. Dann wurde er wieder ernst: »Im Prinzip haben Sie recht, Dr. Hollender. Allerdings ist Peter Schultheiß wohl ziemlich gut von anderen Kindern unterscheidbar. Er hat rote Haare.«

Daraufhin wusste Dr. Hollender anscheinend nichts zu erwidern. Stattdessen fuchtelte er unwirsch mit seiner rechten Hand zum Zeichen, dass er verstanden hatte und Heuer fortfahren sollte, was dieser auch gleich tat: »Ich schätze, dass Elisabeth Wiese mir anfänglich die Geschichte von dem Schlachter Berg aufgetischt hat, weil sie dachte, er sei irgendwo im Ausland verschwunden und wir ihn nicht ausfindig machen würden. Und dann hat sie das mit der Frau Miosga erzählt, weil hier natürlich Wort gegen Wort steht, doch wie gesagt habe ich Zeugen gefunden, die bestätigen, dass kein rothaariges Kind in der besagten Zeit bei der Miosga in Obhut war.«

Der Staatsanwalt schaute auf die Uhr. Für Emil Heuer das Zeichen zum Ende zu kommen. Es war Mittag und es war bekannt, dass der Staatsanwalt zu dieser Zeit täglich nach Hause ging, um mit seiner Familie zu Essen.

»Noch was?«, fragte Hollender auch tatsächlich jetzt und Heuer setzte sogleich einen entschuldigenden Gesichtsausdruck auf, während er antwortete: »Ja, eine Sache gibt es noch oder besser gesagt noch eine Mutter.«

»Noch eine? Mir scheint, unsere Aufrufe in der Zeitung waren wirkungsvoll«, sagte der Staatsanwalt.

Der Kommissar lächelte zustimmend und begann zu berichten: »Kurz nachdem Adelheid Schulze im Stadthaus gewesen war, hat Henriette Sommer mich aufgesucht. Auch ihr Sohn Franz ist unauffindbar. Der Junge ist ebenfalls im April zu Elisabeth Wiese gekommen. Die Wiese hat 30 Mark dafür bekommen. Eigentlich wollte sie 50 Mark haben, hat sich dann aber mit 30 zufriedengegeben. Außerdem hat sie den Geburtsschein und die Abmeldepapiere hier in Hamburg, wie heißt das noch …«

»Abzugsattest«, warf der Staatsanwalt ein.

»Ja genau, Abzugsattest. Sie hat also auch das Abzugsattest erhalten. Das muss Anfang April gewesen sein, das genaue Datum habe ich gerade nicht im Kopf. Elisabeth Wiese hat bei meiner Befragung zu Beginn geleugnet, das Kind bei sich gehabt zu haben und wollte angeblich nie etwas von Franz Sommer gehört geschweige denn gesehen haben. Dann plötzlich, nachdem ich sie mit Zeugen konfrontiert habe, konnte sie sich aber doch erinnern. Auch hier hat sie dann behauptet, dass sie es an Frau Miosga weitergegeben hat, das bestreitet Frau Miosga jedoch. Und, nun ja, ich glaube ihr.«

Der Staatsanwalt nickte seinem Gegenüber wohlmeinend zu und fragte: »Gut, dann gehen wir also davon aus, dass Elisabeth Wiese erst einmal lügt, wenn sie den Mund aufmacht. Warum nennt sie aber nicht den Aufenthaltsort der Kinder? Meinen Sie, Frau Wiese will die neuen Eltern schützen? Hat sie nicht davon geredet, dass es Grafen oder Fürsten sind, die die Kinder aufgenommen haben? Vielleicht hat sie sich ihr Schweigen teuer bezahlen lassen. Bei der Frau scheint sich ja alles am Ende ums Geldscheffeln zu drehen.«

»Ja, Geld ist allem Anschein nach für sie das Wichtigste, da stimme ich Ihnen zu«, meinte Emil Heuer nun bedächtig. »Aber ich glaube wiederum nicht, dass Elisabeth Wiese der Typ ist, der schweigt, wenn es um die eigene Haut geht. Auch nicht, wenn vorher Geld geflossen ist.«

»Das sagt Ihnen ihr Gefühl?«, bohrte Carl Hollender nach.

»Jein«, gab Emil Heuer zur Antwort, was den Staatsanwalt aufhorchen ließ.

»Mein Gefühl sagt mir, dass Elisabeth Wiese keine Person ist, die auf andere Rücksicht nimmt. Sie scheint einzig und allein auf ihren Vorteil bedacht zu sein«, führte der junge Mann nun aus: »Hierzu habe ich die Leute befragt. Viele von ihnen kennen Elisabeth Wiese ja schon etliche Jahre und keiner hat auch nur ein gutes Haar an ihr gelassen. Und das liegt sicher nicht allein daran, dass sie nicht unbedingt vorteilhaft aussieht, wenn ich es mal so ausdrücken darf. Die Kinder haben angeblich Angst vor ihr und rufen ihr ›Hexe‹ nach und ehrlich gesagt sieht sie wirklich ein bisschen so aus. Man kennt ja die Menschen. Die sind schnell mit ihren Verurteilungen. Gerade die einfachen Bürger ... Darum bin ich erst einmal vorsichtig mit dem Gerede über Elisabeth Wiese umgegangen. Es ist wirklich ziemlich erschreckend, was die Leute der Frau alles so zutrauen. Wenn ich mir vorstelle, dass meine Nachbarn und Bekannten so über mich sprechen würden ... Während der Befragung konnte ich mir dann aber selbst ein Bild über sie machen, über ihre Lügereien, die sich gegenseitig widersprachen und ...«

»Gut, gut, kommen Sie bitte auf den Punkt«, unterbrach ihn der Staatsanwalt: »Was meinen Sie, wenn Sie infrage stellen, dass Frau Wiese die Kinder weitergegeben hat?«

Emil Heuer drückte seinen Rücken durch, hob seinen

Kopf leicht an und sagte dann mit fester Stimme: »Ich meine, dass Elisabeth Wiese die Kinder ermordet hat.«

Dieses Mal war die Stille, die zwischen den beiden Männern im Raum herrschte, bedrückend, zumal sie nur von Dr. Hollenders schwerem Atmen flankiert wurde, bis dieser sagte: »Wir haben keinen einzigen Beweis, nur Indizien und Aussagen von anderen, die gegen die Wiese sprechen. Hätten wir nur einen einzigen Hinweis, wäre mir wohler und wir würden die Frau schnell hinter Gitter bringen können, aber so? Schaffen Sie mir mehr heran Heuer, das sind wir den wahrscheinlich toten Kindern schuldig, denn ja, ich glaube ebenso wie Sie, dass die Wiese sie aus reiner Habgier ohne mit der Wimper zu zucken ermordet hat. Also, sehen Sie zu. Irgendwie müssen wir sie drankriegen. Für was auch immer und wenn wir sie erst einmal in Untersuchungshaft haben, dann bekommen wir sie für ihre Taten aufs Schafott.«

*

Sie fühlte sich wie eine Verräterin. Es war ja immerhin ihre Mutter, über die sie eben gesprochen hatte. Selbst wenn diese Mutter sich niemals liebevoll ihr gegenüber gezeigt hatte, ihr Blut floss auch in Paulas Adern und das schweißte zusammen. Andererseits saß Paula Berkefeld jetzt hier, weil sie sich von dieser Verbindung befreien wollte. Gelockert war sie bereits. England tat Paula gut. Als sie das erste Mal dort gewesen war, hatte sie noch sehr stark unter Heimweh gelitten und sogar ihre Mutter ganz arg vermisst. Das war deutlich anders gewesen, als sie das zweite Mal nach England gegangen war. Nachdem sie Peter verloren hatte.

Natürlich hatte es daran gelegen, dass sie dermaßen unglücklich über seinen Tod gewesen war und sich gleichzeitig ihre Vermutung in Gewissheit gewandelt hatte, dass ihre Mutter es gewesen war, die ihren neugeborenen Sohn getötet hatte. Nur ihre Arbeit hatte sie aufrecht gehalten, aber innerlich war sie gestorben und genau deswegen hatte sich die Beziehung zu ihrer Mutter mit jedem Tag mehr aufgefasert. Inzwischen hing sie nur noch an ein paar losen Fäden, aber in diesem Moment war sie gerade dabei, sie kurz und schmerzlos in einem einzigen Augenblick zu zerschneiden. Sie wusste, was das bedeutete und dass sie es niemals wieder rückgängig machen konnte. Das hatte sie bereits gewusst, als sie sich entschlossen hatte, für genau diesen Besuch den sie gerade machte nach Hamburg zurück zu kommen.

Sie hatte von Fräulein Fuß erfahren, was hier in ihrer Heimat vor sich ging. Die Freundin hatte ihr ein Telegramm geschrieben, da sie Paula so schnell wie möglich informieren wollte. Ein paar Tage später war ein längerer Brief gefolgt. Fräulein Fuß hatte ihr in ihren Schreiben berichtet, dass die Polizei alle möglichen Leute, die sie mit Elisabeth Wiese in Verbindung brachten, befragte. Es würde um Kinder gehen, die Paulas Mutter aufnahm und vermittelte, die jedoch spurlos verschwunden waren. Paula war sofort nach Hamburg gereist, denn bereits beim ersten Lesen dieser Worte hatte sich ein Gedanke in ihr breit gemacht, den sie bis jetzt nicht losgeworden war: Die Kinder waren nicht einfach nur verschwunden, ihre Mutter hatte sie getötet, genau wie ihren eigenen Enkelsohn. Eben hatte sie das diesem Kommissar gesagt. Er war sofort hellhörig geworden und hatte gefragt, ob sie irgendwelche Beweise dafür hätte. Sie hatte es verneint, aber er hatte trotzdem mit einem Mal sehr fröhlich ausgesehen, sie gebeten einen Augenblick zu warten und dann war er aus dem Zimmer gegangen.

Inzwischen wartete sie schon mindestens zehn Minuten darauf, dass er wiederkam und langsam wurde sie nervös. Hatte sie selbst vielleicht etwas falsch gemacht? Hierher aufs Stadthaus zu kommen war ihre eigene Entscheidung gewesen und bis auf den Verrat an ihrer Mutter hatte sie nicht das Gefühl gehabt, dass es verkehrt gewesen war. Je länger sie jedoch hier alleine saß, desto unsicherer wurde sie. Immerhin war sie damit aufgewachsen, auf der Hut vor den Udels zu sein, weil diese einfachen Leute wie ihnen immer gern etwas ankreideten, damit sie sie von der Straße holten und hinter Gitter brachten. Das hatte ihre Mutter ihr von klein auf erzählt. So hatte sie heute all ihren Mut zusammennehmen müssen, als sie durch die große Tür hindurchmarschiert war und nach Kommissar Emil Heuer gefragt hatte. Den Namen hatte ihr Fräulein Fuß genannt. Sie hatte ihr erzählt, dass der Kommissar noch recht jung war und durchaus freundlich. Der Staatsbeamte hatte sich auch nicht darum geschert, ob sie einen Bordellwirt hatte oder nicht. Paula konnte der Aussage ihrer Freundin über Kommissar Heuer nur beipflichten. Er hatte sie überaus höflich behandelt, ihr den Stuhl zurechtgerückt auf dem sie immer noch saß und ihr etwas zu trinken angeboten, bevor er sie gefragt hatte, was sie zu ihm führte. Natürlich hatte er gewusst, wer sie war, obwohl sie Berkefeld und nicht Wiese hieß. Das hatte er ihr gleich gesagt, nachdem er ihr den Wasserbecher hingestellt und sich ebenfalls gesetzt hatte.

Das Wasser hatte sie schon lange ausgetrunken. Sie musste mal und begann unruhig auf dem harten Stuhl hin und her zu rutschen, doch sie getraute sich nicht, aufzustehen und den Raum auf der Suche nach dem Klosett zu verlassen. Was wäre, wenn Kommissar Heuer genau in dieser Zeit wiederkäme? Er könnte denken, sie wäre davongelaufen, weil sie doch etwas zu verbergen hatte. Obwohl er während und nach ihrem Bericht nicht den Eindruck gemacht hatte, als würde er schlecht von ihr denken, weil sie etwas verbrochen haben könnte. Im Gegenteil hatte er sich bei ihr für ihre Offenheit bedankt. Sie hatte ihm alles erzählt, was sie wusste und was sie glaubte zu wissen. Zuerst stockend, doch dann hatte sie bemerkt, wie gut es ihr tat, über all das Geschehene und die Vermutungen, die sie seit sie denken konnte mit sich herumtrug, zu sprechen. Natürlich hatte sie auch immer wieder mit Fräulein Fuß über all das gesprochen, doch das war anders gewesen. Dieser Kommissar hatte sie nicht unterbrochen. Er hatte ihr einfach nur zugehört. Keinen Kommentar abgegeben, keine Fragen gestellt. Nur ein einziges Mal. Das war, als sie ihm von den Freiern erzählt hatte und dass die Mutter sie halb totgeprügelt hatte, wenn sie nicht spurte und sich gesträubt hatte, die »edeldenkenden Herren«, wie es in der Anzeige geheißen hatte, in der Guten Stube zu empfangen. Da hatte er sich kurz geräuspert und gefragt, wo genau die Herren sich mit ihr vergnügt hatten. Sie hatte sich gewundert, warum ihn gerade dieses Detail interessierte, aber geantwortet »auf dem Sofa«. Erst hatte der Kommissar sie nur angesehen und geschluckt, dann hatte er genickt, einen Becher geholt und sich aus dem Krug, der jetzt vor ihr stand, eingeschenkt und noch im Stehen das Wasser in einem Zug ausgetrunken. Danach hatte er sich wieder gesetzt und sie gebeten fortzufahren.

Wenn sie einmal eine Pause gemacht hatte, dann hatte er einfach gewartet. Sie hatte geweint. Das war zum Ende hin gewesen. Als sie ihm von Peter erzählt hatte. Seiner Geburt und dann, dass ihr Junge einfach weg gewesen war, nachdem sie aus ihrem Erschöpfungsschlaf wieder erwacht war.

Auch nach dieser Beichte – denn nichts anderes war es für sie, die nach wie vor glaubte, ihr Sohn würde noch leben, wenn sie besser auf ihn aufgepasst hätte – hatte er ihr Zeit gegeben, sich wieder zu sammeln. Stillschweigend hatte er ihr sein Taschentuch gereicht, das er umständlich aus seiner Hosentasche gezogen hatte. Sie hatte das als mitfühlende Geste verstanden und sich nicht geniert, als sie sich die Tränen aus dem Gesicht gewischt und sich daraufhin ausgiebig geschnäuzt hatte. Warum auch? Dieser Mann hatte innerhalb von einer halben Stunde mehr über sie erfahren, als sonst jemand. Er wusste, dass sie auf dem zerschlissenen Sofa in der Guten Stube in der Wilhelminenstraße an manchen

Tagen fünf bis sechs Männer hintereinander empfangen hatte. Er wusste alles. Zumindest alles, was Elisabeth Wiese ihrer Tochter angetan hatte. Und darum war es Paula schließlich gegangen. Schon während sie den Brief von Fräulein Fuß gelesen hatte, hatte sie beschlossen, dem Tun ihrer Mutter ein Ende zu setzen. Vielleicht war es aus ihrem Hass erwachsen, der trotz des räumlichen Abstandes und der dazwischenliegenden Zeit mit jedem Tag gegen ihre Mutter gewachsen war – die Frau hatte ihr Kind getötet! Vielleicht hatte es aber auch daran gelegen, dass Paula sich beweisen wollte, dass sie nicht so war, wie ihre Mutter. Nicht so skrupellos und unmenschlich. Doch eigentlich war ihr der Beweggrund gleichgültig. Sie hatte einfach das Gefühl gehabt, sie müsste das Ihre dafür tun, um ihrer Mutter das Handwerk zu legen und sich zudem an ihr für den Mord an Peter rächen. Und die Polizei, die ja laut der Information von Fräulein Fuß sowieso schon die Ermittlungen aufgenommen hatte, sollte ihr dabei helfen. So hatte sie bei ihrer Herrschaft um Urlaub gebeten und sich nach Hamburg eingeschifft. Gestern war sie in ihrer Heimatstadt angekommen. Sie hatte bei Fräulein Fuß in deren Dachkammer übernachtet, um dann heute hierher aufs Stadthaus zu kommen.

Der Druck auf Paulas Blase wurde immer stärker. Gerade als sie sich nun doch durchgerungen hatte, aufzustehen und sich zu erleichtern, hörte sie, wie die Türklinke zu dem Büro, in dem sie saß, ging. Sie drehte sich um und sah in zwei ernste Gesichter. Das eine gehörte zu Kommissar Heuer. Das andere zu einem Mann in mittleren Jahren mit kaiserlichem Schnauzbart, den ihr Emil Heuer als Staatsanwalt Dr. Carl Hollender vorstellte.

»Frau Berkefeld, erst einmal möchte ich mich bei Ihnen bedanken, dass sie zu uns gekommen sind«, sagte Dr. Hollender jetzt in freundlichem Ton, sodass sich Paulas Furcht, sie hätte sich vielleicht durch ihre Aussage unwissentlich selbst bei den Behörden angeschwärzt, sofort legte. Sie wagte ein zurückhaltendes Lächeln und nickte dem Mann zu, weil sie nicht wusste, was sie auf seine Worte erwidern sollte. Der Staatsanwalt schien das gemerkt zu haben und fuhr nach wie vor liebenswürdig fort: »Kommissar Heuer hat mir eben schnell in groben Zügen berichtet, was Sie ihm erzählt haben. Würden Sie das auch vor Gericht aussagen, was Ihre Mutter Ihnen angetan hat?«

Wieder nickte Paula. Der letzte Rest ihres mulmigen Gefühls hatte sich nach den Worten des Mannes verflüchtigt. Nur die Empfindung, dass sie eine Verräterin war, wollte nicht vergehen. Aber damit würde sie leben müssen, sie war schließlich aus genau dem Grund hier, wozu sie der Staatsanwalt gerade gebeten hatte. Um jedoch noch einmal sicher zu gehen, dass sie ihn richtig verstanden hatte, fragte sie mit belegter Stimme: »Sie meinen die Wiese?«

»Ja«, bestätigte der Mann, »Ihre Mutter. Warum nennen Sie sie ›die Wiese‹?«

Ohne zu überlegen antwortete Paula Berkefeld: »Ich kann diese Frau nicht mehr als meine Mutter ansehen. Darum.«

Die junge Frau erhob sich. Jetzt musste sie wirklich

dringend, sie hatte das Gefühl ihre Blase würde gleich platzen. Schnell sagte sie: »Wenn es das jetzt erst einmal war …? Sie wissen ja, wo Sie mich finden.« Dann gab sie beiden Männern zum Abschied die Hand und eilte aus dem Raum. Wahrscheinlich nahmen Hollender und Heuer an, ihr war das alles etwas zu viel und sie hätte deswegen fast fluchtartig den Raum verlassen. Sollten sie. Immerhin hatten sie sie nicht zurückgehalten. Zu Beginn ihres Besuchs im Stadthaus hatte sie dem Kommissar gesagt, dass sie vorerst bei Fräulein Lux untergekommen war und ihm die Adresse genannt. Sie hatte ihm nicht erklären müssen, warum sie nicht in die Wilhelminenstraße gegangen war und spätestens jetzt konnte er es sich denken, überlegte sie, als sie etwas abseits gelegen hinter der Treppe eine kleine Tür sah. Sie eilte hin und tatsächlich befand sich dahinter ein Lokus, auf dem sie sich endlich erleichtern konnte. Seit ihrer Schwangerschaft konnte sie nicht mehr gut anhalten und es war schon einige Male aus ihr herausgetropft – sie war froh, dass ihr das heute nicht passiert war.

Nachdem sie in der kleinen dunklen Kammer ihre Röcke wieder gerichtet hatte, trat sie den Weg nach Hause an. Da sie eben einfach nur den Abort gesucht hatte, war sie weiter in das Polizeigebäude hineingelaufen. Um zum Ausgang zu gelangen, musste sie den Gang wieder zurückgehen. Hierfür musste sie ein weiteres Mal an dem Büro vorbei, in dem sie das Gespräch mit dem Kommissar geführt hatte. Schon von Weitem sah sie, das die Tür einen Spaltbreit offen stand. Daraus drang Stimmengemurmel. Eigentlich wollte sie schnell an dem Raum vorbeihuschen, doch dann hörte sie ihren Namen.

Paula Berkefeld blieb stehen und drückte sich an die Wand. Es war die Stimme des jungen Kommissars gewesen, der eben über sie gesprochen hatte. Was er genau gesagt hatte, war für sie unverständlich gewesen, weil sie noch nicht nah genug an der offenen Tür gewesen war und nicht wirklich darauf geachtet hatte. Dafür konnte sie jedoch jetzt jedes Wort von Staatsanwalt Dr. Hollender verstehen: »Ja, Heuer, Sie haben recht. Mit der Aussage der Tochter und den Anzeigen der Mütter und dieser Frau Wülfing können wir Elisabeth Wiese mit Fug und Recht verhaften und in Untersuchungshaft nehmen. Und dann suchen wir weiter nach Beweisen zu den Kindstötungen. Irgendwo werden wir doch etwas finden.«

Paulas Herz krampfte sich zusammen. Jetzt hatte sie also wirklich ihre Mutter ans Messer geliefert.

*

Dr. Hermann Bleckwedel ging die Wilhelminenstraße hinunter und bog nun in die Eckernförder Straße ein. Er schlenderte hier nicht einfach so auf St. Pauli herum oder war gar auf der Suche nach einem schnellen Vergnügen, das ihm innerhalb der letzten halben Stunde schon zig Mal hinter vorgehaltener Hand begleitet von einem betörenden Augenaufschlag anheimgestellt worden war. Nein, er dachte nach. Und hierfür hatte er sich auf die Spuren seines neuen Falls begeben. Um sich besser hineindenken zu können. In die Person, um die es ging, ihre Lebensumstände und das, was sie eventuell angetrieben hatte, die ihr vorgeworfenen Taten zu begehen. Seit gestern war er der Offizialverteidiger von Elisabeth Wiese, die vor einigen Tagen in ihrer Wohnung verhaftet worden war und nun in Untersuchungshaft saß, um wahrscheinlich in einigen Wochen oder Monaten vor das Schwurgericht zu kommen.

Es war ein verzwickter Fall und Dr. Bleckwedel war nicht eben glücklich darüber, dass das Gericht gerade ihn als Pflichtverteidiger bestellt hatte. Neben dem Vorwurf der Kuppelei, Verleitung zum Meineid und versuchtem Mord am Ehemann ging es um Kinder, um verschwundene oder vielleicht sogar tote Kinder. Bei solchen Prozessen waren die Gemüter meist hoch erhitzt und die Öffentlichkeit forderte Vergeltung, selbst wenn die Schuld des mutmaßlichen Täters, oder in diesem Fall der Täterin, nicht bewiesen war.

In der Regel war ein Fall, in dem das Opfer ein Kind war, schon verloren, bevor er begonnen hatte. Und das, obwohl gerade die Masse, die nicht unbedingt dem Bürgertum entsprang, wenig zimperlich mit ihrer Brut umsprang. Dr. Bleckwedel konnte es den Leuten nicht verdenken, war es doch bei den einfachen Leuten in diesen Zeiten oft eine Sache des nackten eigenen Überlebens. Kein Wunder, dass dann die ledigen Dienstmädchen ihre Neugeborenen an Pflegemütter als Kostkinder gaben oder sogar zur Adoption in herrschaftliche Häuser, die selbst nicht mit dem Kinderglück gesegnet waren. Und am Ende spielte Geld die Hauptrolle in diesen persönlichen Dramen.

Das liebe Geld hatte allem Anschein nach auch Elisabeth Wiese seit jeher angetrieben. Immerhin hatte die Frau, deren Verteidiger er nun war, ihre Tochter auf den Strich geschickt. Den Tatbestand der Kuppelei würde er demnach gar nicht erst versuchen müssen, vor Gericht wegzudiskutieren. Aber war Elisabeth Wiese deswegen fähig, Säuglinge im Ofen zu verbrennen oder wie Katzenkinder in die Elbe zu schmeißen? So, wie es die Nachbarn über den Umgang der Wiese mit Kostkindern tuschelten. Hatte sie wirklich die Kinder getötet und das Kostgeld eingestrichen? Dem Rechtsanwalt fröstelte für einen Sekundenbruchteil, obwohl es an diesem Maitag besonders mild war, fast schon sommerlich. Allenfalls hatte sie die Föten, die sie durch die gewünschten Schwangerschaftsabbrüche bei deren Müttern in Händen gehalten hatte, im Ofen verbrannt. Aber lebend geborene Säuglinge, die ihr anvertraut worden waren?

Die Anklage nahm an, Frau Wiese hätte die Kinder mit dem Morphium, das sie sich mithilfe des Rezepts von einer kurzzeitig bei ihr zur Untermiete wohnenden schwindsüchtigen Tänzerin beschafft hatte, zunächst betäubt oder gar getötet und dann in ihren Küchenofen gezwängt, um sie zu verbrennen. Er glaubte das nicht. Das lag allerdings nicht daran, dass er der Aussage von Frau Wiese Glauben schenkte. Die hatte gegenüber der Polizei gesagt, sie hätte das Morphium an die neue Adresse der Tänzerin in Berlin nachgesandt. Die Ermittlungen hatten jedoch ziemlich schnell ergeben, dass das

Morphium niemals in Berlin angekommen war, zumal Reste davon bei einer Durchsuchung der Wieseschen Wohnung aufgefunden worden waren. Das stand ebenfalls in den Akten. So wie er die Frau gestern kennengelernt hatte, hatte sie das Rezept eingelöst, ohne einen bestimmten Zweck. Sie hatte es gefunden, eingelöst und das Fläschchen bei sich verwahrt, weil sie dachte, dass sie es eventuell irgendwann gebrauchen könnte. Zu was auch immer. Es konnte sogar sein, dass sie kleine Abfüllungen davon auf dem Schwarzmarkt teuer verkauft hatte. An die Chinesen in der Schmuckstraße vielleicht. Für die Säuglinge hatte sie es sicher nicht verwendet. Allein die Vorstellung grauste ihn. Wenn sie die kleinen Kinder tatsächlich getötet hatte, hätte sie das einfach mit einem Kissen machen können, das sie ihnen auf Nase und Mund drückte. Als er sie gestern dazu befragt hatte, hatte sie nur mit dem Kopf geschüttelt und die Lippen fest aufeinandergepresst. Vorher hatte sie ihm gesagt, er solle sich zum Teufel scheren und dass sie so einen wie ihn nicht brauchen würde, weil er ja sowieso mit den anderen unter einer Decke stecke. Und falls er es auf ihr Geld abgesehen hatte, hätte er sich geschnitten, von ihr würde er keinen Pfennig sehen.

Er kannte das schon. Die Leute reagierten öfter so auf ihn als ihren Pflichtverteidiger, weil sie ihn zur Obrigkeit zählten und diese als ihren natürlichen Feind ansahen. Die meisten dieser Menschen lebten nach ihren eigenen Gesetzen, weswegen sie allerdings immer wieder im Gefängnis landeten. Manche bekam er gut wieder heraus, das waren dann aber diejenigen, die ihm vertrauten. Bei Elisabeth Wiese hatte er sofort gespürt, dass sie es nicht tat und dies sich auch nicht ändern würde. Trotzdem hatte er über eine Stunde mit ihr zusammengesessen. Vor seinem Besuch bei ihr in der Untersuchungshaft hatte er den Akten entnommen, dass sie sich auf die Frage nach den verschwundenen Kindern in Widersprüche verstrickt hatte. Das machte sie natürlich äußerst unglaubwürdig, was er versucht hatte, ihr zu erklären. Ob es angekommen war, wusste er nicht. Elisabeth Wiese war verstockt geblieben und er irgendwann gegangen.

In diesen Minuten waren die Kriminaler ein weiteres Mal in der Wiese-Wohnung auf der Suche nach Beweisen, dass die Frau die Kinder getötet hatte. Ob sie im Ofen etwas finden würden? Sie würden auf jeden Fall Asche mitnehmen und diese auf menschliche Überreste untersuchen lassen.

Es war unstrittig, dass nicht nur in der ersten Wohnung, sondern auch in der zweiten im Parterre, in die Elisabeth Wiese erst vor etwa eineinhalb Jahren heruntergezogen war, im Herd Steine fehlten, sodass der Feuerraum außergewöhnlich groß war – so groß, dass ein Neugeborenes hineinpassen würde – und der Herd sich durch den dadurch entstehenden Zug kaum zum Kochen eignete. Zudem ließ diese Tatsache auf ein stets starkes Feuer schließen. Herrmann Bleckwedel musste an seine Mutter denken. Ihr war ständig kalt und ihre Wohnung meist überhitzt, warum sollte es Elisabeth Wiese nicht auch so gegangen sein? Vielleicht hatte sie deswegen den Herd in ihrer Küche des Öfteren so stark befeuert, dass sogar die Herdplatten gesprungen waren. Und der Geruch nach verbranntem Menschenfleisch, der immer mal wieder aus der Küche von Frau Wiese gekommen sein soll, wie diverse Zeugen berichtet hatten, konnte von sonst etwas herrühren. Verbranntes Fleisch roch nie gut, aber es musste ja nicht gleich das von kleinen Kindern sein. Sicher hatten die Zeugen übertrieben.

Rechtsanwalt Dr. Bleckwedel wollte es einfach nicht für möglich halten, dass die Frau, die ihm in der Untersuchungshaft gegenübergesessen hatte, wie die Hexe im Märchen Kinder in den Ofen geschoben hatte. Er glaubte noch an das Gute im Menschen, sonst wäre er kein Verteidiger.

Aus seiner Erfahrung wusste Dr. Bleckwedel, dass die einfachen Leute alles Mögliche verbrannten, wenn sie kein Geld für Kohle hatten. War das in der Wilhelminenstraße 23 der Fall gewesen? Es wurde ebenso behauptet, dass Elisabeth Wiese Kinder in der Elbe ertränkt hätte, doch auch hier war nur in Einzelfällen beobachtet worden, wie sie von ihrer Wohnung aus mit einem schweren Paket Richtung Elbe gegangen und ohne wieder zurückgekehrt war. Was in den Paketen gewesen war, konnte jedoch niemand sagen, weil niemand hineingeschaut hatte. Und Elisabeth Wiese verweigerte hierzu die Aussage, beschuldigte allerdings eine andere Frau, eine Frau Miosga, genau das getan zu haben, was ihr selbst vorgeworfen wurde.

Inzwischen war Rechtsanwalt Dr. Bleckwedel die Eckernförder Straße heruntergegangen und in die Große

Freiheit eingebogen, wo er nun seine Schritte Richtung Nobistor lenkte. Er wollte hinunter zum Wasser. Selbst einmal an den Stellen in die dunkle Elbe blicken, an denen man unbeobachtet etwas hineinschmeißen konnte. Er wollte sich die Strömung anschauen, denn falls Elisabeth Wiese tatsächlich die toten Babys der Elbe übergeben hatte, mussten sie dann nicht irgendwo wieder aufgetaucht sein? Oder waren die Elbfische und Wasserratten so schnell, dass in Windeseile nichts mehr an den kleinen Knochen zum Auftauchen dran gewesen war? Der Rechtsanwalt hatte selbst keine Kinder, dennoch verursachte bei ihm diese Vorstellung einen Kloß im Hals, was ihn kräftig schlucken ließ. Er ballte die Faust in seiner Manteltasche – er wollte einfach daran glauben, dass Elisabeth Wiese sich lediglich mit betrügerischer Kindesunterschiebung schuldig gemacht hatte. Denn dass die Frau gänzlich unschuldig war, daran dachte noch nicht einmal er für nur eine Sekunde.

Nachdem er gestern bei Frau Wiese so wenig erfolgreich in der Untersuchungshaft gewesen war, hatte er die Zeugin Jürgens aufgesucht, die Untermieterin, die Elisabeth Wiese gebeten hatte eine Falschaussage zu ihren Gunsten zu machen. Er hatte Frau Jürgens danach gefragt, welchen Grund Elisabeth Wiese ihr für diese Bitte genannt hatte.

»Sie hat gesagt, dass sie aufs Stadthaus geladen ist, weil sie ein Kind um die Ecke gebracht haben soll«, hatte ihm Frau Jürgens erklärt. Kurz darauf hatte er sich verabschiedet. So wie Frau Jürgens es ihm gesagt hatte, so hatte es auch im Protokoll gestanden, das mit der Aussage von der Frau aufgenommen worden war. Er hatte es jedoch noch einmal aus ihrem eigenen Mund hören wollen, denn was ihm zu schaffen machte, war die Tatsache, dass Elisabeth Wiese als sie damals aufs Stadthaus geladen wurde, noch keinesfalls der Kindestötung verdächtigt worden war. Der Kommissar hatte sie nur noch einmal sprechen wollen, um Ihre Aussage zum Verbleib der verschwundenen Kinder aufzunehmen. Von toten Kindern war da noch nicht die Rede gewesen. Wie war Frau Wiese also darauf gekommen, Frau Jürgens gegenüber etwas Derartiges zu äußern?

Noch etwas Weiteres beschäftigte den Verteidiger von Elisabeth Wiese: In den Akten stand, dass sie den Müttern, die ihre Kinder als Kostkinder zu ihr gaben, immer wieder den Vorschlag gemacht hatte, die Kinder gegen eine größere, dafür aber einmalige Abfindungssumme, die die Frauen ihr zahlen sollten, als eigen anzunehmen. Normalerweise nahmen nur äußerst wohlhabende Leute Kinder für eigen an, da die sich ein Kind auch noch Jahre nach dessen Aufnahme leisten konnten. Aber Elisabeth Wiese? Von wohlhabend konnte bei ihr keine Rede sein. Bei diesem Gedanken schoss Dr. Bleckwedel ein weiterer durch den Kopf und er blieb für einen Moment stehen, um ihn besser greifen zu können. Was, wenn Elisabeth Wiese sich doppelt hatte bezahlen lassen? Sie hatte den Müttern gesagt, dass sie deren Kinder für eine gewisse Summe für eigen annehmen würde, die Kinder dann aber wiederum an reiche Leute weiterverkauft. Und dass diese Leute sich jetzt nicht auf die Aufrufe der Polizei in der Presse meldeten, die sogar auch im Ausland erfolgten, erschien dem Rechtsanwalt ebenfalls sehr einleuchtend. Sie hatten sicherlich Bedenken, dass sie das Kind, das sie auf nicht ganz legalem Weg bekommen hatten, wieder abgeben mussten. Wenn diese Annahme von ihm richtig wäre, würde das erklären, warum Elisabeth Wiese von den Müttern eine verhältnismäßig geringe Summe als Abfindung verlangt hatte – sie hatte dann im Zweifel bereits gewusst, dass sie von den »neuen« Eltern sowieso noch einen ordentlichen Batzen kassieren würde. Ja, so könnte es gewesen sein. Bleckwedel beschloss, auf dieser Möglichkeit die Verteidigung von Elisabeth Wiese aufzubauen. Schließlich stand der Verdacht auf Kindesunterschiebung sowieso im Raum und er wog weniger schwer als Kindsmord.

Ihm fiel noch ein weiterer Ansatzpunkt ein, den er vor Gericht anbringen würde und der dafürsprach, dass Elisabeth Wiese die vermissten Kinder nicht ermordet hatte: Seit die Polizei gegen Elisabeth Wiese ermittelte, hatten sich weitere Mütter gemeldet, die der Frau ihre Kinder überlassen hatten. Die Kriminaler hatten aufgrund der Angaben der Mütter oder Pflegemütter wie Frau Wülfing oder Frau Fischer einige dieser Kinder ausfindig machen können. So wie den kleinen Peter Schultze, der bei einem Ehepaar Kuschel oder Küssel oder so ähnlich, der genaue Name fiel dem Rechtsanwalt in diesem Moment nicht ein, wohlbehalten aufgefunden worden war. Dieser Umstand war für seine Verteidigung von Vorteil.

Dr. Bleckwedel nahm seinen Weg Richtung Elbe wieder auf. Er hoffte inständig, dass seine Überlegungen nicht nur für die Verteidigung von Elisabeth Wiese hilfreich war, sondern auch den Tatsachen entsprachen. Möglich war es immerhin, dass sich die Dinge so in etwa abgespielt hatten.

»Meine Herren Geschworenen! Wenn nur die entfernteste Möglichkeit vorliegt, dass die Kinder noch am Leben sind, und dies ist doch nicht ausgeschlossen, dann müssen Sie die Angeklagte wegen der vier Mordtaten freisprechen. Sollten Sie trotzdem zu einem Schuldigspruch kommen und das Urteil an der Angeklagten vollstreckt werden und später einmal eins der verschwundenen Kinder auftauchen, dann würde das ein lebendes Wahrzeichen Ihres Fehlspruchs sein. Vor einem solchen Fehlspruch möge Sie der allmächtige Gott bewahren.«

(aus dem Plädoyer von Elisabeth Wieses Verteidiger Dr. Bleckwedel, 1904)

EPILOG
2. FEBRUAR 1905

Warum hatte sie das nur erzählt? Noch heute könnte sie sich selbst ohrfeigen, für diese dumme Geschichte. Und in dem Moment, als sie sie zwischen ihren Lippen hervorgepresst und diesem verfluchten Kommissar entgegengespuckt hatte, hatte ihr bereits gedämmert, dass es ein Fehler gewesen war. Immerhin wusste jeder Idiot, dass diese verdammten Obrigkeiten heutzutage zusammenarbeiteten, um Leuten wie ihr das Leben schwer zu machen. Und natürlich hatte dieser miese Wicht Heuer nichts Besseres zu tun gehabt, als gleich nach London zu irgendeiner englischen Behörde zu telegrafieren, um von dort zu erfahren, dass Paula seit ihrer Schwangerschaft nicht mehr in Hamburg gewesen war. Paula hatte ihr die Schuld an Peters Tod gegeben, aber es war doch für alle das Beste so gewesen. Warum ging das nicht in ihren blöden Schädel? Die kleine Schlampe! Vor Gericht hatte sie gesagt, dass Paula sich das Ganze mit der Geburt in der Werkstatt des Schusters nur ausgedacht hatte und ihre Tochter schon vorher eine Fehlgeburt gehabt hatte. Sie hatte an den Gesichtern gesehen, dass ihr keiner geglaubt hatte, dafür aber Paula.

Das war immer schon so gewesen. Die Leute hatten stets hinter vorgehaltener Hand getuschelt wie sie, die nicht unbedingt mit einem Engelsgesicht gesegnet war, so eine schöne, zarte Tochter hervorgebracht hatte. Pah, wenn die alle wüssten, was für ein hinterhältiges Biest in Paula steckte – der Teufel hatte eben viele Gesichter …

Vor Gericht hatte Paula sie immer nur »die Wiese« genannt. Kein einziges Mal »Mutter«. Dafür hatte sie Paulas Namen dann auch nicht mehr ausgesprochen, sondern sie einfach als »die Person« bezeichnet. Was Paula konnte, konnte sie schon lange! Und wie hundsgemein ihre eigene Tochter über sie geredet hatte. Kein Stück Dankbarkeit hatte dieses Luder. Bis ins kleinste Detail hatte Paula von ihren Zusammenkünften mit den Freiern erzählt, sodass nur die Presse im Saal bleiben durfte die Öffentlichkeit jedoch ausgeschlossen wurde. »Wegen Gefährdung der öffentlichen Sittlichkeit«, hatte der Vorsitzende gesagt. Und dann hatten sie alle angeguckt und nicht Paula! Sie hatte natürlich geleugnet, dass sie Paula geschlagen hatte. Was ging das die anderen an. Ebenso hatte sie abgestritten, etwas mit Paulas Hurendasein zu tun gehabt zu haben. Und im Grunde war es ja so gewesen. Immerhin hatte Paula die Beine breit gemacht und nicht sie …

Auf jeden Fall hatte Heuer herausgefunden, dass Paula auf keinen Fall dieses blöde Blanck-Balg in Hamburg bei ihr abgeholt haben konnte. Erst über die englischen Behörden und dann später noch, weil Paulas Dienstherren ausgesagt hatten, dass sie unmöglich London verlassen haben könnte, da sie durchgehend bei ihnen gearbeitet hätte. Und dann hatte dieser Doktor, bei dem Paula in Stellung war, auch noch gesagt, er habe Paula niemals angerührt und sowieso keine englische Frau nach Hamburg geschickt, um ein Baby bei ihr abzuholen. Und Paula, dieses miese Flittchen, die bestätigte auch noch diese Aussage. Der Teufel sollte sie beide holen. So, wie sie morgen der Henker. Das hatten sie ihr gestern, um kurz nach 13 Uhr, mitgeteilt. Sie hatte sich zusammengerissen und keine Regung gezeigt. Sie gönnte es ihnen einfach nicht, sie verzweifelt zu sehen. Sie hatten sie gefragt, ob sie noch letzte Wünsche hätte. Sie hatte verneint.

Letztes Jahr hatte sie sich Anfang Oktober vor dem Hamburger Schwurgericht wegen fünf vollendeter Morde an Kindern, einem versuchten Mord an Heinrich diesem Schwein, schwerer Kuppelei und außerdem zwei versuchten Verleitungen zum Meineid zu verantworten gehabt. Sie hatte geredet und geredet um diese arroganten Geschworenen von ihrer Unschuld zu überzeugen und natürlich hatte sie alle ihr gemachten Vorwürfe bestritten. Eigentlich war sie recht zungenfertig, aber dort, vor diesen ganzen ernsten Gesichtern, die sie voll Abscheu betrachtet hatten, hatte sie sich total verzettelt. Kein Wunder bei diesem miesen Staatsanwalt, der sie vorgeführt hatte wie ein dummes Kind. Als er ihr zum Beispiel ins Gesicht gesagt hatte, dass sie log was diese verschwundene Blanck-Göre anging, hatte sie schnell zugegeben, sich in der Vergangenheit wohl hier und da geirrt zu haben. Sie hatte gesagt, sie wäre einfach so durcheinander gewesen, aber dass sie jetzt wüsste, wie es gewesen war und dass die Cousine einer Bekannten Bertha Blanck abgeholt hatte, um das kleine Mädchen über England nach Amerika zu bringen. Sie hatte schnell hinterhergeschoben, dass sie den richtigen Namen ihrer Bekannten nicht wusste, und nur deren Dirnennamen Lola kannte. In dem Moment, in dem sie das ausgesprochen hatte, war sie innerlich ziemlich stolz auf sich gewesen. Lola hießen auf dem Kiez so einige Straßenflittchen, und die Polizei würde ihre Aussage kaum nachprüfen können. Sie hatte sogar noch ergänzt, dass sie keine Ahnung hätte, ob Lola ihren Auftrag ausgeführt oder das Kind anderweitig hatte verschwinden lassen. Und trotzdem hatten die vom Gericht ihr nicht geglaubt. Dieses arrogante Gesindel. Die hielten sich sowieso für etwas Besonderes, nur weil sie auf der anderen Seite saßen und nicht an ihrer Stelle standen. Auf jeden Fall hatte sie das alles völlig kirre gemacht. Und als es dann plötzlich um diesen Wilhelm Klotsche ging, hatte sie nur noch Rot gesehen. Es war so gewesen, wie stets mit Heinrich, der hatte auch immer gedacht, besser als sie zu sein und sie mit seinem ollen Sparbuch hingehalten. Schade, dass es damals mit dem Rasiermesser nicht geklappt hatte. Dann hätte sie vielleicht nicht an anderer Stelle zusehen müssen, an Geld zu kommen und wäre jetzt nicht hier auf dem Gefängnishof der Haftanstalt Dammtor am Holstenglacis 3. Hätte Heinrich sie nicht mit dem Messer erwischt, hätte sie weniger Kosten für Essen und derlei gehabt und zudem noch einen

Batzen Geld, der sie für eine längere Zeit gut versorgt hätte. Hätte, hätte, hätte! Das hatte sie hasserfüllt vor Gericht gedacht. Und dann hatte sie den Mund aufgemacht und dem Gerichtspack von Heinrich erzählt. Es war einfach so aus ihr herausgebrochen, denn irgendwie trug Heinrich schließlich die Schuld an ihrer Misere. Hätte er das Sparbuch herausgerückt, hätte sie kein Geld mit den Kindern machen müssen. Deswegen hatte sie dem Gericht gesagt, dass Heinrich den Bastard von diesem Fräulein Klotsche weggeschafft hatte. Sie hatte erklärt, dass sie es vorher nicht gesagt hatte, weil er ihr Ehemann war und sie ihn hatte schützen wollen, aber wenn man sie jetzt verdächtigte, wollte sie doch lieber die Wahrheit sagen. Sie hatte ihrem immer mehr staunenden Publikum berichtet, dass sie eines Tages in ihre Küche den besoffenen Heinrich dabei erwischt hatte, als er gerade mit dem unschuldigen Kind Unsittlichkeiten trieb. Dann hatte sie ein Röcheln von sich gegeben und sich an die Kehle gefasst. Es war ganz still im Saal geworden. Während sie ihre Hand langsam wieder von ihrem Hals hatte sinken lassen, hatte sie erklärt, dass das Kind so entsetzlich geröchelt hatte und sie Heinrich sofort angeschrien hatte: »Was machst du da?«. Noch immer war alles still gewesen und ihr wurde gebannt gelauscht, sodass sie schnell weiter berichtete, wie Heinrich daraufhin anstelle einer Antwort einen Kochtopf gegriffen, ihr damit auf den Kopf geschlagen hatte und sie zu Boden gegangen war. Sie hatte dann nur noch machtlos dem mit Wilhelm auf dem Arm aus der Wohnung laufenden Heinrich hinterher gucken können.

Sie hatte noch hinzugesetzt, dass sie aber wahrscheinlich nichts mehr für das arme Kind hätte tun können, da sie glaubte es sei bereits tot gewesen. Mit den Worten: »Wahrscheinlich hat Heinrich es erstickt, denn der kleine Wilhelm hat auf seinem Arm keinen Laut mehr von sich gegeben, als er aus der Küche flüchtete«, hatte sie ihre Aussage beendet. Es war mucksmäuschenstill im Raum geblieben und sie hatte sich innerlich selbst gelobt: Jetzt konnte das Gericht ihr nichts mehr anhaben, hatte sie geglaubt. Auch nicht wegen dieser vermaledeiten Papiere von diesem verflixten Wechselbalg Klotsche, die sie für dieses andere Gör, das Schwebke-Kind, genommen hatte, weil sie für dieses keine gehabt hatte. Lästigerweise war das Schwebke-Kind im Waisenhaus gestorben und irgendwie hatten die Udels da rausbekommen, dass sie die falschen Papiere rausgegeben hatte. Auf jeden Fall hatte sich der Vorsitzende des Gerichtshofs, dieser eingebildete Fatzke Dr. Crasemann, sich dann geräuspert und Heinrich in den Saal kommen lassen. Sie hatte ihren Augen nicht getraut, als er mit aufrechtem Gang an ihr vorüberschritt, ohne sie nur eines Blickes zu würdigen. Er hatte seinen sonst zotteligen und mit Essensresten verklebten Vollbart gestutzt, genauso, wie seine Haare. Nicht nur er selbst sah gewaschen aus – normalerweise mied er Seife wie der Teufel das Weihwasser – sondern auch seine Kleidung, die zudem noch ordentlich geplättet war. Elisabeth war sich auch jetzt noch sicher, dass er das nicht allein zustande gebracht hatte. Sie selbst hatte sich nie um seine Kleidung gekümmert, so weit käme das noch bei all dem, was sie sonst malochte. Wen er wohl dafür bezahlt hatte? Wahrscheinlich eine seiner läufigen Hündinnen, die er immer mal in der Kneipe aufgegabelt hatte.

Dieser Scheißkerl. Der hatte doch tatsächlich die Dreistigkeit gehabt, sie vor Gericht als Lügnerin zu bezeichnen. Nachdem Dr. Crasemann ihm ihre Geschichte über seine Unzucht mit diesem Klotsche-Bastard wiederholt hatte, hatte er vor Gott beschworen, dass sie nicht die Wahrheit gesagt hatte und sie damit ans Messer geliefert. Dabei hätte er einfach sein blödes Maul halten können, schließlich war er zuvor vom Gericht vor aller Ohren belehrt worden, dass er als ihr Ehemann das Recht habe, die Aussage zu verweigern. Aber nein, er hatte sogar noch einen oben drauf gesetzt und erklärt: »Meine Frau hat gegen meinen Willen Pflegekinder aufgenommen. Ich hab mich darum dann aber nicht weiter gekümmert. Auch nicht um die Kinder. Und ich weiß nicht, wo sie geblieben sind.«

So ein Weichei, und gut gelebt hatte er davon auch!

Nach Heinrich waren diese verdammten Mütter hereingerufen worden. Ein Weibsbild nach dem anderen stakste herein und tat reuevoll, weil es seinen kleinen Liebling weggeben hatte. Verlogene Flittchen. Erst die Beine nicht zusammenhalten können und dann um ihre ungewünschten Kinder heulen! Sollten sie doch froh sein, dass sie ihnen geholfen hatte, aber nein, undankbar wie sie waren, waren sie gleich zur Stadthausbrücke gerannt. Hätten sie sie gefragt, dann hätte sie ihnen schon erzählt, wie es war, einen Bastard groß zu ziehen.

Unglücklicherweise hatte sie einen Fehler gemacht und die Buchsbaum mit hineingezogen. Hätte sie diesem Aasgeierweib doch bloß nie vertraut. Elisabeth hatte die Frau im Untersuchungsgefängnis kennengelernt und gedacht, sie wären vom gleichen Schlag. Sie hatte sie wegen dieser blöden Geschichten mit dem hässlichen Rotschopf, diesem Kind von der dämlichen Schultheiß, um Hilfe gebeten. Es war bei einem Spaziergang auf dem Hof gewesen – sie hatte einfach die Gelegenheit beim Schopf ergriffen. Später hatte sie ihr sogar noch einmal heimlich einen Zettel zugesteckt, auf dem sie ihre Bitte wiederholt und bekräftigt hatte. Die Buchsbaum sollte bloß den Gerichtsleuten erzählen, dass sie Elisabeth schon länger kenne und nicht erst hier aus dem Untersuchungsgefängnis. Und dann sollte die Buchsbaum bezeugen, dass sie den Berg bei ihr in der Wilhelminenstraße gesehen hatte. Sie selbst hätte dann ihre Aussage über die Miosga und dass die den Rotschopf zuletzt gehabt hatte, zurückgezogen und doch den Berg beschuldigt, irgendetwas mit dem Kind angefangen zu haben. Der hätte sicherlich keine Zeugen gehabt, um das Gegenteil zu beweisen. Aber nein, die blöde Buchsbaum musste ja gleich zu den Udels rennen und denen erzählen, dass sie, Elisabeth, sie bestochen hatte. Denn natürlich hätte sie sich erkenntlich gezeigt. Also das hatte sie der Buchsbaum zumindest gesagt. Sie hatte ihr erzählt, sie hätte 3.000 Mark und würde die mit ihr teilen, wenn sie die kleine Angelegenheit für Elisabeth bereinigte. Aber dieser Polizist, dieser Heuer, hatte der Buchsbaum wahrscheinlich was

Besseres versprochen. Sicherlich hatte er ihr gesagt, er würde in ihrem Fall ein Auge zudrücken. Aber ob er es einhalten würde?

So war sie dabei geblieben, dass die Miosga das Schultheiß-Baby getötet hatte. Und auch das Sommer-Baby. Sie hatte sich einfach in die Ecke gedrängt gefühlt und dann hatte sie das eben gesagt. Außerdem war ihr das mit dem Paket eingefallen, das sie bei der Miosga auf dem Boden gesehen hatte und in dem fauliges Schiffsfleisch gewesen war, das schon ganz ekelhaft gestunken hatte. Die Miosga hatte das Paket abends in die Elbe geworfen. Das hatte sie selbst gesehen und wer sollte jetzt noch beweisen, dass da kein totes Balg drin gewesen war? Das hatte sie jedenfalls gedacht, aber die Miosga hatte irgendjemanden gefunden, der bezeugt hatte, dass es sich doch nur um vergammeltes Schiffsfleisch gehandelt hatte. Irgendwie hatte sich alles gegen sie verschworen … Vielleicht hätte sie doch besser einfach vor den Geschworenen ihre Klappe halten und diesen Verteidiger Bleckwedel reden lassen sollen. Nun war es zu spät. Dabei hatten sie ihr im Grunde nichts beweisen können. Sie hatten weder im Ofen menschliche Überreste gefunden, das hatte die chemische Untersuchung ergeben, noch hatte irgendjemand einen ihr zur Last gelegten Mord tatsächlich beobachtet oder gesehen, dass sie eine Leiche beseitigt hatte. Es waren alles nur Vermutungen gewesen – Indizien hatte der Staatsanwalt es in seinem Abschlussplädoyer genannt. Irgendwann hatte sie einfach nicht mehr hingehört …

Elisabeth Wiese wurde nach einem fünftätigen Prozess am 10. Oktober 1904 vom Gericht, gemäß dem Wahrspruch der Geschworenen, wegen fünf abgeschlossener Morde an Kleinkindern ebenso fünfmal zum Tod sowie zum dauerhaften Verlust der bürgerlichen Ehrenrechte verurteilt. Außerdem zu einer Gesamtstrafe von zwei Jahren Zuchthaus wegen schwerer Kuppelei und der versuchten Verleitung zum Meineid. Vom Vorwurf wegen des versuchten Mordes an ihrem Ehemann wurde sie freigesprochen.

Elisabeth Wiese legte gegen das Urteil Revision ein, die jedoch vom Reichsgericht verworfen wurde. Ebenso wurde ihr Gnadengesuch vom Senat abgelehnt.

Das Todesurteil wurde am Donnerstag, dem 2. Februar 1905 um 8.00 Uhr morgens im Gefängnishof des Hamburger Untersuchungsgefängnis am Holstentor vor etwa 40 Zeugen vollstreckt.

Die »Engelmacherin von St. Pauli«, wie sie bereits genannt wurde, schritt die zehn Stufen zum Fallbeil ohne Unterstützung und äußerlich gefasst hinauf. Dort schnallten sie die zwei Helfer des Scharfrichters Alwin Engelhardt aus Magdeburg geübt auf das Brett und keine Sekunde später hatte bereits die Klinge Elisabeth Wieses Kopf vom Rumpf getrennt.

PERSONENVERZEICHNIS

Herr Berg war ein Zeuge im Fall Elisabeth Wiese, die zuvor behauptet hatte, er sei ein Schlachter in Wien und hätte von ihr über eine nicht näher benannte Mittelsfrau das Kind Peter Schultheiß zur Adoption bekommen, was dieser jedoch als infame Lüge von sich wies. Berg war zuvor einige Jahre bis 1901 Inhaber einer Wiener Wurstfabrik gewesen und sein Vater betrieb eine in Prag. Dies war wohl der Grund, weswegen Elisabeth Wiese ihn als Schlachter bezeichnet hatte und, da sie ihn im Ausland vermutete, überhaupt als Kindesempfänger benannte – das Gericht nahm damals an, dass Elisabeth Wiese gehofft hatte, dass die Ermittler Herrn Berg nicht aufspüren würden. Elisabeth Wiese nannte Berg einen »Freund«, was dieser verneinte, eine Bekanntschaft räumte er jedoch ein.

Paula Berkefeld wurde im Jahr 1882 oder 1886 geboren, hier sind die Quellen nicht eindeutig. Sie ist die uneheliche Tochter von Elisabeth Wiese. Ihre Mutter hat sie zur Prostitution gezwungen, wodurch sie schwanger wurde. Nach Aussage von Paula Berkefeld hat ihre Mutter das Kind gleich nach dessen Geburt getötet. Paula Berkefeld war die Hauptzeugin im Fall Elisabeth Wiese und hat ihre Mutter schwer belastet. Was nach dem Prozess mit Paula Berkefeld geschah und wohin ihr weiteres Leben sie führte, ist der Autorin unbekannt.

Paula Berkefelds leiblicher Vater wird in einer der Autorin bekannten Quellen (Schweder, Die großen Kriminalprozesse des Jahrhunderts, 1961) als Elisabeth Wieses Onkel angegeben, alle weiteren der Autorin bekannten Quellen benennen ihn nicht, beziehungsweise als unbekannt. Aufgrund dieser Uneindeutigkeit geht die Autorin nicht näher auf die Vaterschaft ein.

Peter Berkefeld, geboren und gestorben am 6. Juli 1902, wurde laut der Aussage seiner Mutter, Paula Berkefeld, von Elisabeth Wiese direkt nach seiner Geburt getötet. Sein Vater war vermutlich ein Freier von Paula Berkefeld.

Martha Blanck war ein Dienstmädchen, das seine Tochter Bertha Blanck zunächst als Kostkind und später als Pflegekind bei Elisabeth Wiese beziehungsweise Frau Wülfing abgab. Mehr ist der Autorin über Martha Blanck nicht bekannt.

Bertha Blanck, geboren 26. Februar 1903, verschwunden nach dem 17. April 1903, ist ein mutmaßliches Opfer von Elisabeth Wiese.

Dr. Hermann Bleckwedel war der vom Gericht bestellte Pflichtverteidiger für Elisabeth Wiese. Weitere Details sind der Autorin nicht bekannt.

Dorothea Buchsbaum saß zusammen mit Elisabeth Wiese 1903 in Hamburg in Untersuchungshaft, dort lernten die beiden sich kennen. Am 3. Juli 1903 versuchte Elisabeth Wiese Dorothea Buchsbaum zu einer Falschaussage zu ihren Gunsten zu bewegen und versprach ihr hierfür 1.500 Mark. Frau Buchsbaum entsprach der Bitte des Meineids nicht.

Christian, der dänische Matrose, der Fräulein Klotsche verführt und geschwängert hat, wurde von der Autorin für diesen Roman erdacht.

Dr. Crasemann war der Vorsitzende des Gerichtshofs im Fall Elisabeth Wiese. Mehr ist der Autorin zu dem Landrichter nicht bekannt.

Frau Düwel war die Nachbarin von Elisabeth Wiese in der Wilhelminenstraße 23. Da sie in der Erdgeschosswohnung wohnte und hier ständig in der Angst vor Einbrechern lebte, vereinbarte sie mit Elisabeth Wiese einen Wohnungstausch, der im Oktober 1902 stattfand. So war es Frau Düwel, die die Polizei später darauf aufmerksam machte, dass der Herd in der ehemaligen Wiese-Wohnung im ersten Stock aufgrund von fehlenden Schamottsteinen extrem heizte.

Frau Fischer ist eine Pflegemutter aus Harburg, an die Elisabeth Wiese Kinder zur Betreuung abgab. Den Müttern der Babys erzählte Elisabeth Wiese in der Regel, Frau Fischer sei ihre Schwester, trotzdem das nicht stimmte. Sie log diesbezüglich aller Wahrscheinlichkeit nach, um den Müttern ein gutes Gefühl zu vermitteln und gleichzeitig zu begründen, warum die Babys nicht bei ihr blieben – sie durfte von Gerichtswegen nicht mehr als Pflegemutter tätig sein – die Mütter aber dennoch bei ihr das Geld für die Kinder lassen sollten. Mehr ist der Autorin nicht bekannt.

Hintergründe zu den **Freiern von Paula Berkefeld** sind der Autorin nicht bekannt, sodass ihre Personen und Handlungen von der Autorin für diesen Roman erdacht worden sind. Gesichert hingegen ist die Tatsache, dass mindestens einer der Freier im Prozess um Elisabeth Wiese ausgesagt hat. Er bestätigte Paulas Aussage, dass ihre Mutter ihm gesagt hatte, er könne ruhig Gewalt anwenden, wenn Paula »nicht will«. Für Paulas Dienste zahlte er Elisabeth Wiese im Anschluss zehn Mark.

Fräulein Fuß war eine Prostituierte und trat im Fall Elisabeth Wiese als Zeugin auf. Hier erklärte sie unter anderem, dass die Wiese von ihr gefordert hatte, deren Tochter Paula mit auf den Straßenstrich zu nehmen. Das Fräulein sagte ebenfalls aus, dass Elisabeth Wiese das Gebiet rund um den Fischmarkt gut kannte und sie zweimal mit der Wiese dort spazieren gegangen war. Elisabeth Wiese machte dabei den Eindruck, als würde sie sich nach schlecht einsehbaren

Stellen am Wasser umschauen. Der Vorname oder weitere Details zur Person Fuß sind der Autorin nicht bekannt.

Emil Heuer, der junge Kommissar, ist eine fiktive Figur, die der Fantasie der Autorin entsprungen ist.

Staatsanwalt Dr. Carl Hollender vertrat die Anklage im Gerichtsfall Elisabeth Wiese. Details zur Person sind der Autorin nicht bekannt.

Frau Jürgens hat am 19. April 1903 in der Wiese-Wohnung ein Zimmer zur Untermiete bezogen. Elisabeth Wiese bat Frau Jürgens Ende April 1903 für sie eine Falschaussage gegenüber der Polizei zu tätigen. Frau Jürgens sollte bezeugen, bereits ein paar Tage vor ihrem Einzug eine englische Dame bei Elisabeth Wiese in der Wohnung gesehen zu haben, die ein Kind abholte. Trotzdem Frau Jürgens sich weigerte, gab Elisabeth Wiese sie als Zeugin an.

Fräulein Klotsche, der Vorname sowie nähere Details zur Person sind der Autorin unbekannt, war ein Dienstmädchen, welches ein außereheliches Kind – Wilhelm Karl Klotsche – zur Welt gebracht und dieses bei Elisabeth Wiese zur Pflege abgegeben hat. Später wollte Fräulein Klotsche ihren Sohn zu sich zurückholen, doch er war nicht mehr bei Elisabeth Wiese. Fräulein Klotsche schaltete die Polizei ein, aber Wilhelm blieb verschwunden.

Gertrud Klotsche, die Schwester des Fräulein Klotsche, wurde von der Autorin für diesen Roman erdacht.

Wilhelm Karl Klotsche, geboren 19. Oktober 1902, gestorben nach dem 26. Januar 1903, ist eines der mutmaßlichen Opfer von Elisabeth Wiese.

Frau und Herr Küsel waren Pflegeeltern, die in Harburg wohnten und das Kind Schultze von Elisabeth Wiese bekamen. Elisabeth Wiese bat die Eheleute, Frau Wülfing zu überzeugen, die Anzeige gegen sie zurückzuziehen, was jedoch nicht geschah. Details zu dem Ehepaar sind der Autorin nicht bekannt.

Frau Miosga war – soweit die Autorin es ermitteln konnte – eine Pflegemutter, die hin und wieder Kinder durch Elisabeth Wiese vermittelt bekam. Elisabeth Wiese beschuldigte sie zu Unrecht, die Kleinkinder Peter Schultheiß und Franz Sommer getötet und deren Leichname in die Elbe geschmissen zu haben.

Fräulein Reich, der Vorname sowie weitere Details sind der Autorin unbekannt, hat einige Monate als Untermieterin von Elisabeth Wiese in der Wilhelminenstraße 23 gewohnt – es handelt sich mindestens um den Zeitraum, der die Rückkehr der schwangeren Paula Berkefeldt bis kurz nach deren Niederkunft umfasst. Das Fräulein hat als Zeugin im Prozess Wiese ausgesagt. Bei ihrer Befragung ging es in erster Linie um die Schwangerschaft und Niederkunft von Paula Berkefeld und den Versuch des Gerichts, Elisabeth Wiese die Tötung ihres Enkelkindes nachzuweisen.

Schuhmacher Schröder hatte seine Schusterwerkstatt in der nur zwei Straßen weit entfernt von der Wilhelminenstraße liegenden Talstraße 18. Der damals über 70jährige Schuster und Elisabeth Wiese hatten ein intimes Verhältnis miteinander. Schröder beherbergte die schwangere Paula Berkefeld bis zu deren Niederkunft eine Zeit lang in seiner Werkstatt.

Adelheid Schultheiß war ein Kinderfräulein, das ihren außerehelich geborenen Sohn Peter bei zwei Frauen zunächst in Pflege gegeben hat, bevor sie ein Inserat im »General-Anzeiger« schaltete, um ihren Sohn für eigen abzugeben. Auf das Inserat meldete sich Elisabeth Wiese, bei der Frau Schultheiß dann am 15. April 1903 Peter durch ihre Schwester abgeben ließ.

Peter Schultheiß, geboren 31. Dezember 1902, verschwunden nach dem 15. April 1903, ist ein mutmaßliches Opfer von Elisabeth Wiese.

Das **Kind Schultze,** geboren am 27. Februar 1903, wurde von seiner Mutter an Elisabeth Wiese für eigen abgegeben. Elisabeth Wiese bekam als einmalige Abfindungssumme 200 Mark von der Mutter. Wiese gab das Kind an die Pflegemutter Frau Fischer in Harburg weiter. Frau Fischer sollte monatlich 20 Mark als Kostgeld bekommen, doch Elisabeth Wiese zahlte nur für den ersten Monat, sodass Frau Fischer ihr das Kind zurückgab. Elisabeth Wiese übergab das Kind Schultze daraufhin an Frau und Herrn Küsel in Pflege, wo es sich bei Elisabeth Wieses Verhaftung lebend befand.

Henriette Sommer war eine ledige Wärterin. Sie brachte ihren Sohn Franz Sommer zunächst bei einer anderen Pflegemutter unter, bis sich Elisabeth Wiese auf eine von ihr geschaltete Anzeige im »General-Anzeiger« meldete. Im April 1903 brachte eine Freundin von Henriette Sommer deren Sohn zu Elisabeth Wiese und übergab dieser zudem seinen Geburtsschein, das Abzugsattest sowie 30 Mark. Für diese Entlohnung versprach Elisabeth Wiese Franz Sommer einer Frau aus London zu übergeben, die ihn für eigen annehmen wollte.

Franz Carl Friedrich Sommer, geboren 23. Dezember 1902, verschwunden nach dem 1. April 1903, ist ein mutmaßliches Opfer von Elisabeth Wiese.

Elisabeth Wiese wurde laut dem Geburts- und Taufbuch der (katholischen) Parochie Bilshausen am 1. Juli 1859 (in anderen Quellen ist zum Teil das Geburtsjahr 1853 genannt, hier liegt jedoch wahrscheinlich ein Schreibfehler vor) als Elisabeth Berkefeld in Bilshausen bei Göttingen geboren. Zwischen ihrem 20. und 30. Lebensjahr bekam die Katholikin ihre uneheliche Tochter Paula Berkefeld (einige Quellen sprechen von 1882 und andere von 1886). Die gelernte Hebamme heiratete 1888 den Kesselschmied Heinrich Wiese. Mit ihm und ihrer Tochter Paula Berkefeld zog sie Mitte der 1890er-Jahre (Im Hamburger Adressbuch wird die Familie erstmals in der Ausgabe für 1896 genannt) nach Hamburg in die Wilhelminenstraße 23 auf St. Pauli, wo sie sich als Kinderpflegerin anbot. Zuvor lebte sie mit ihrer kleinen Familie in Hannover, hier wurde sie jedoch wegen diverser Betrugs- und Abtreibungsprozesse verurteilt, sodass sie ihren Beruf als Hebamme nicht mehr ausüben durfte. In Hamburg wurde Elisabeth Wiese im Oktober 1904 wegen Kuppelei ihrer Tochter Paula, versuchter Verleitung zum Meineid sowie fünffachen Kindsmordes verurteilt, wobei sie die ihr zur Last gelegten Verbrechen bis zum Schluss geleugnet hat. Sie stand ebenfalls im Verdacht, diverse Mordversuche an ihrem Ehemann begangen zu haben, hiervon wurde sie jedoch freigesprochen. Elisabeth Wiese wurde am 2. Februar 1905 in Hamburg geköpft.

Heinrich Wiese, der Ehemann von Elisabeth Wiese, war von Beruf Kesselflicker, wobei er nicht zum fahrenden Volk gehörte, sondern sesshaft war. Wann und wo er geboren wurde, ist der Autorin nicht bekannt. Heinrich Wiese wohnte mit seiner Frau und seiner Stieftochter Paula Berkefeld zunächst in Hannover – später zog die Familie gemeinsam nach Hamburg St. Pauli. Obwohl der Mann mit dem blonden Vollbart in den letzten Jahren vor der Hinrichtung seiner Frau viel Geld für Alkohol ausgab, besaß er selbst einiges Erspartes auf einem Sparbuch. Heinrich Wiese zog bereits kurz nach Elisabeth Wieses Verhaftung aus der gemeinsamen Wohnung in der Wilhelminenstraße 23 aus. Wohin er zog, ist der Autorin unbekannt, ebenso wie sein weiterer Lebensweg.

Frau Wülfing war eine der Pflegemütter, an die Elisabeth Wiese die Kinder, die sie von den leiblichen Müttern erhielt, zur Pflege weitervermittelte. Von den Müttern nahm Elisabeth Wiese eine Vermittlungsgebühr von 100 Mark und mehr, während sie mit den Pflegemüttern ein monatliches Kostgeld von rund 20 Mark ausmachte und das wollte sie so lange zahlen, bis sie das jeweilige Kind an reiche Paare im europäischen Ausland und Amerika übergeben konnte. Frau Wülfing bekam von Elisabeth Wiese auch Bertha Blanck, doch schon nach dem ersten Monat zahlte Elisabeth der Harburgerin kein Kostgeld mehr. So brachte Frau Wülfing Bertha zurück zur Wiese, wurde jedoch misstrauisch und erstattete Anzeige.

NACHWORT

Der Fall »Elisabeth Wiese« fand bereits nur fünf Jahre, nachdem er sich abgespielt hatte, Einzug in ein Buch mit dem Titel »Interessante Kriminal-Prozesse von kulturhistorischer Bedeutung« – einer Sammlung von Berichten über Kriminalprozesse, denen der Autor Hugo Friedländer als Gerichtsreporter beigewohnt hat. Heute, nur etwas über 100 Jahre später, kennt kaum einer mehr Elisabeth Wiese und es ist nur wenig über die Frau, die solch schwere Taten begangen haben soll, dass man sie dafür hinrichtete, aufzuspüren. Die meisten Akten zu Elisabeth Wieses Gerichtsprozess sind vermutlich bei der Teilzerstörung des Stadthauses im zweiten Weltkrieg vernichtet worden.

Aufmerksam auf Elisabeth Wiese bin ich schon vor einigen Jahren durch einen Bericht über sie in der NDR-Sendung »Das!« geworden – danke, Hösch Volker Dierksheide. Ich habe dann angefangen Material über sie zu sammeln, und konnte mir nach einiger Zeit vor allem anhand verschiedenster Berichte, die mir alle zusammen als Puzzlestücke gedient haben, ein Bild von der »Engelmacherin von St. Pauli« machen. So beschloss ich, Elisabeth Wieses Geschichte zu erzählen. Ich stieg tiefer in die Recherche ein und fand ein paar weitere Dokumente, in erster Linie zu ihrer Hinrichtung, im Staatsarchiv Hamburg. Die meisten von ihnen waren in Sütterlin oder sogar Kurrentschrift geschrieben und das nicht unbedingt fein säuberlich in schönster Handschrift. So habe ich nach einiger Zeit den Versuch des Entzifferns aufgegeben und die Dokumente meiner lieben Freundin Tina übergeben, die in einem Stift arbeitet und dort für mich um Hilfe gebeten hat. In kürzester Zeit hatte ich einwandfreie »Übersetzungen« und ich möchte mich ganz herzlich bei Ursula Mißfeldt und auch Tinas Mutter, Lisa Hofmann, die ebenfalls noch einmal kundig darüber geschaut hat, bedanken.

Und da ich jetzt schon einmal dabei bin, möchte ich mich für die Bemühungen und die begleitende Unterstützung zu diesem Buch bei dem Team des Polizeimuseums Hamburg bedanken. Bei Inse Leiner, die durch ihre offene und interessierte Art allein schon motiviert hat, dieses Buch zu schreiben und ganz besonders bei Frank Wiegand, dem keine meiner Fragen zu unbequem war, der für mich in den Tiefen des Archivs der Hamburger Polizei nachgeforscht hat und bei dem irgendwie immer die Sonne scheint und er durchaus bereit ist von ihren Strahlen etwas abzugeben. An dieser Stelle auch ein herzliches Danke an den Gmeiner-Verlag und meine großartige Lektorin Claudia Senghaas, deren sanfte aber professionelle Art jedem Manuskript den letzten Schliff gibt. Und natürlich ein großes Danke an meine geliebte Familie – ohne euch wär das alles nichts.

Nun aber zurück zu Elisabeth Wiese. Ein paar Worte zu ihr habe ich noch, genau wie sie bis zu ihrem Schluss noch ein paar immer gleichbleibende Worte hatte: »Ich habe keine Kinder umgebracht.«

Hat sie damit die Wahrheit gesagt oder nicht? Wir werden es niemals wissen. Fakt ist, dass die verschwundenen Kostkinder trotz jahrelang anhaltender Bemühungen selbst im Ausland seitens der Behörden nicht wieder aufgetaucht sind. Andererseits konnte Elisabeth Wiese nie nachgewiesen werden, dass sie die Kinder wie die Hexe in »Hänsel und Gretel« im Ofen verbrannt oder wie sperrigen Müll in die Elbe geschmissen hatte. Scheußlich bleibt der Fall allemal, denn schon die Vorstellung, dass es so gewesen sein könnte, erzeugt Erschütterung. Um nun aber nicht mit diesem graulichen Gedanken zu enden, zu guter Letzt noch eine Bitte an Sie, meine Leser: Die Arbeit an meinem vorherigen Buch aus der Gmeiner-Verlag Reihe »Wahre Verbrechen« hat mir nach Erscheinen gezeigt, dass es hier und da immer noch glücklicherweise jemanden gibt, dem von Zeitzeugen das ein oder andere berichtet worden ist, oder der gar auf dem Dachboden in einer alten Kiste Zeitdokumente wie zum Beispiel Zeitungsberichte, Fotos et cetera gefunden hat, die meine eigene Recherche bereichern können. Wenn Sie das im Nachhinein mit mir teilen wollen, schreiben Sie mir doch einfach eine Email an: mail@kathrinhanke.com – ich würde mich wahnsinnig freuen, da ich dieses private Wissen von Ihnen in einer Nachauflage wunderbar ergänzen könnte, um der Wahrheit noch ein Stückchen mehr gerecht zu werden.

QUELLEN

Adelung: Grammatisch-kritisches Wörterbuch der Hochdeutschen Mundart, Band 3. Leipzig 1798, S. 738–739.

Blatzek: Aus Geldgier angeblich 16 Kleinkinder und Säuglinge getötet, Cellesche-Zeitung, 14. Juni 2013.

Brockhaus Bilder-Conversations-Lexikon, Band 2. Leipzig 1838, S. 347.

Brockhaus Conversations-Lexikon, Band 7. Amsterdam 1809, S. 89–90.

Friedländer: Interessante Kriminal-Prozesse von kulturhistorischer Bedeutung. Darstellung merkwürdiger Strafrechtsfälle aus Gegenwart und Jüngstvergangenheit. Nach eigenen Erlebnissen von Hugo Friedländer, Band 1. Berlin, 1910.

Herders Conversations-Lexikon, Band 5. Freiburg im Breisgau 1857, S. 609.

Jung: Elisabeth Wiese: St. Paulis geheimnisvollste Mörderin, Hamburger Abendblatt, 16. Dezember 2014.

Kompisch: Furchtbar feminin. Leipzig 2006, S. 22–24.

Mary: Serienmörder in Deutschland – Ein Blick in den Abgrund. neobooks 2012, S. 62f.

Meyers Großes Konversations-Lexikon, Band 11. Leipzig 1906, S. 847 sowie Leipzig 1907, S. 15–16.

Newton: Die große Enzyklopädie der Serienmörder. Graz 2009, S. 1.857–1.862.

Pierer's Universal-Lexikon, Band 4. Altenburg 1858, S. 531.

Purpurs: Frauenarbeit in den Unterschichten: Lebens- und Arbeitswelt Hamburger Dienstmädchen und Arbeiterinnen um 1900 unter besonderer Berücksichtigung der häuslichen und gewerblichen Ausbildung. Münster 2000.

Schnadwinkel: Regulierung der Prostitution im Kaiserreich – Seminararbeit zum Seminar »Normierte Körper und Begehren – zur rechtlichen Regulierung von Sexualität« Jun.-Prof. Dr. Ulrike Lembke Universität Bielefeld, 2011.

Schweder: Die großen Kriminalprozesse des Jahrhunderts. Hamburg 1961.

Staatsarchiv Hamburg: Bestandsnummer 241_1 I_2534

Weber (Hrsg.): Häuslerkindheit: Autobiographische Erzählungen. Wien, 1992.

Wosnik: Die Engelmacherin Elisabeth Wiese (Deutschland 1905) in: Kirchschlager (Hrsg.): Historische Serienmörder, Band II. Arnstadt 2014.

*Weitere Titel finden Sie auf den
folgenden Seiten und im Internet:*

WWW.GMEINER-SPANNUNG.DE

Kathrin Hanke im Gmeiner-Verlag:

Die Giftmörderin Grete Beier
ISBN 978-3-8392-2124-2

Die Engelmacherin von St. Pauli
ISBN 978-3-8392-2300-0

Störtebekers Piratin
ISBN 978-3-8392-2486-1

Als die Flut kam
ISBN 978-3-8392-0001-8

- Bildbände -

Hamburgs dunkle Seiten
ISBN 978-3-8392-2487-8

Hamburg im Sturm
ISBN 978-3-8392-0031-5

- Kochbücher -

In der Heide brodelt es
ISBN 978-3-8392-2219-5

GMEINER SPANNUNG

WWW.GMEINER-VERLAG.DE
Wir machen's spannend

Kommissarin Katharina von Hagemann ermittelt:

1. Fall: Blutheide
ISBN 978-3-8392-0331-6

2. Fall: Heidegrab
ISBN 978-3-8392-1597-5

3. Fall: Eisheide
ISBN 978-3-8392-1740-5

4. Fall: Heideglut
ISBN 978-3-8392-1857-0

5. Fall: Heidezorn
ISBN 978-3-8392-2029-0

6. Fall: Mordheide
ISBN 978-3-8392-2235-5

7. Fall: Heidefluch
ISBN 978-3-8392-2383-3

8. Fall: Heideopfer
ISBN 978-3-8392-2829-6

9. Fall: Totenheide
ISBN 978-3-8392-0310-1

10. Fall: Heideangst
ISBN 978-3-8392-0355-2

weitere:
Die Giftmörderin Grete Beier
ISBN 978-3-8392-2124-2

Die Engelmacherin von St. Pauli
ISBN 978-3-8392-2300-0

Störtebekers Piratin
ISBN 978-3-8392-2486-1

Wermutstropfen
ISBN 978-3-8392-1931-7

Mörderische Lüneburger Heide
ISBN 978-3-8392-2133-4

In der Heide brodelt es
ISBN 978-3-8392-2219-5

Hamburgs dunkle Seiten
ISBN 978-3-8392-2487-8

Als die Flut kam
ISBN 978-3-8392-0001-8

Hamburg im Sturm
ISBN 978-3-8392-0031-5

Mein Leben als Tatortreiniger
ISBN 978-3-8392-0505-1

GMEINER SPANNUNG

WWW.GMEINER-VERLAG.DE
Wir machen's spannend

Martina Parker
Ausgstochen
Gartenkrimi
384 Seiten, 13,5 x 21 cm,
Premium-Klappenbroschur
ISBN 978-3-8392-0454-2

»Geh hör ma auf. Das gibt's ja nicht. Und des steht alles in dem Biachl von der Frau Bürgermeister?«, Die Frau Fuith war wirklich schockiert. »Nun«, sagte Hilda und leckte sich die Finger ab. »Dieses Buch ist sehr, sehr ordinär.« »Wirklich? Ordinär sagst du?«, murmelte die Frau Fuith in gespielter Empörung. »Und«, Hilda machte eine bedeutungsvolle Pause, bevor sie etwas Puddingcreme auf ihre Gabel balancierte und zum Mund führte: »Ich glaube, es ist alles wahr, was da drin steht …«

GMEINER SPANNUNG

WWW.GMEINER-VERLAG.DE
Wir machen's spannend

Claudia Rossbacher
Steirerwald
Kriminalroman
288 Seiten, 13,5 x 21 cm,
Premium-Klappenbroschur
ISBN 978-3-8392-0511-2

An einem tropisch warmen Abend werden die LKA-Ermittler Sandra Mohr und Sascha Bergmann aus Graz zu einem Einsatz ins nahe Schöcklland gerufen. Auf Schloss Abelsberg hat der Jagdhund einer Jägerin die verwesende Hand eines Mannes zum Rehragout apportiert. Kurze Zeit später wird die Leiche hinter dem Schloss, in einem Graben im Wald aufgespürt und als Schlossbewohner identifiziert. Wer aber hat den exzentrischen Regisseur erschossen und weshalb? Die Jagd auf den Mörder nimmt ihren Lauf und sorgt für so manche Überraschung. Auch in Sandras Privatleben.

GMEINER SPANNUNG

WWW.GMEINER-VERLAG.DE
Wir machen's spannend

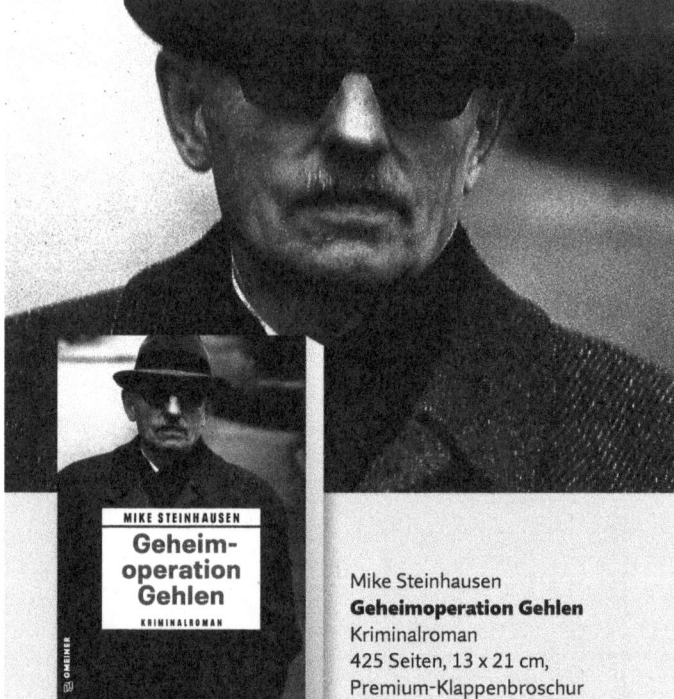

Mike Steinhausen
Geheimoperation Gehlen
Kriminalroman
425 Seiten, 13 x 21 cm,
Premium-Klappenbroschur
ISBN 978-3-8392-0482-5

Als der ehemalige Fremdenlegionär Louis Richard eine Frau vor ihrem Zuhälter rettet, stürzt das sein weiteres Leben ins Chaos. Denn schon kurz darauf wird er unschuldig zu lebenslanger Haft verurteilt. Im Gefängnis erhält er unerwarteten Besuch von zwei Mitarbeitern der CIA. Louis soll ihnen helfen, Reinhard Gehlen als Präsident des BNDs zu installieren. Er willigt ein, springt für ihn die Freiheit und eine neue Identität heraus. Doch die CIA spielt ihr eigenes Spiel und schon bald kämpft Louis ums Überleben.

GMEINER SPANNUNG

WWW.GMEINER-VERLAG.DE
Wir machen's spannend

Manfred Bomm
Albtraumhof
Kriminalroman
377 Seiten, 13 x 21 cm,
Premium-Klappenbroschur
ISBN 978-3-8392-0450-4

Vier alte Bauernhöfe – und ein finsteres Geheimnis. Vor 18 Jahren verschwand ein Bauer spurlos und soll nun für tot erklärt werden. Seine Erbin erhofft sich ein idyllisches Gebäude, doch aus dem Traum auf der Schwäbischen Alb wird ein Albtraum. Denn in dem einsam auf der Hochfläche stehenden Hof geschehen merkwürdige Dinge. Die Erbin erlebt dramatische Nächte und zieht den pensionierten Kriminalisten August Häberle hinzu, um herauszufinden was mit ihrem vermissten Verwandten geschehen ist.

WWW.GMEINER-VERLAG.DE
Wir machen's spannend

DIE NEUEN
Lieblingsplätze

GMEINER KULTUR

WWW.GMEINER-VERLAG.DE
Mensch, Kultur, Region